처음부터 차근차근 따라하다 보면
어느새 나도 한셀 NEO(2016) 전문가

KB082571

#한셀 실행 #화면구성 #글자 입력 #열 너비 #행 높이

01 두근두근 한셀 NEO(2016) 시작하기

학습목표

- 한셀 NEO(2016)을 실행하고, 화면 구성을 이해할 수 있습니다.
- 저장된 파일을 불러와 편집할 수 있습니다.
- 행 높이와 열 너비의 크기를 조절할 수 있습니다.

※ 한셀 복잡한 계산을 해야 할 때 계산기를 활용하거나 손으로 계산하면 시간도 많이 걸릴 뿐만 아니라 계산이 잘못될 수도 있어요.
하지만 한셀 프로그램을 이용하면 복잡한 계산이 필요한 문서도 쉽게 작성할 수 있어요.

실습파일 : 한셀 2016 만나기(예제).cell   완성파일 : 한셀 2016 만나기(완성).cell

미리보기

내가 제일 좋아하는 과일 yum yum

과일이름 (KOREA)	영문이름 (ENGLISH)	과일이름 (KOREA)	영문이름 (ENGLISH)	과일이름 (KOREA)	영문이름 (ENGLISH)	과일이름 (KOREA)	영문이름 (ENGLISH)
복숭아	peach	오렌지	orange	사과	apple	바나나	banana
체리	cherry	딸기	strawberry	아보카도	avocado	키위	kiwi
청포도	green grape	망고	mango	블루베리	blueberry	망고스틴	mangosteen

쑥쑥쑥쑥 타자실력

차시	날짜		빠르기	정확도	확인란
1	월	일	타	%	
2	월	일	타	%	
3	월	일	타	%	
4	월	일	타	%	
5	월	일	타	%	
6	월	일	타	%	
7	월	일	타	%	
8	월	일	타	%	
9	월	일	타	%	
10	월	일	타	%	
11	월	일	타	%	
12	월	일	타	%	

차시	날짜		빠르기	정확도	확인란
13	월	일	타	%	
14	월	일	타	%	
15	월	일	타	%	
16	월	일	타	%	
17	월	일	타	%	
18	월	일	타	%	
19	월	일	타	%	
20	월	일	타	%	
21	월	일	타	%	
22	월	일	타	%	
23	월	일	타	%	
24	월	일	타	%	

이 책의 목차

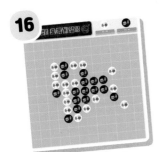

한셀이 뭐예요?

- 한셀 프로그램은 수식과 함수를 사용해 복잡한 계산이 필요한 문서를 작성할 수 있어요.
- 한셀 프로그램은 많은 데이터를 효과적으로 요약하거나 정리할 수 있고, 도표나 차트도 쉽게 작성할 수 있어요.
- 한셀은 한컴오피스라는 회사에서 개발한 프로그램으로, 정식 명칭은 '한컴오피스 NEO 한셀'이에요.
- 한셀 프로그램은 선생님, 학생, 회사원 등 많은 사람들이 사용하고 있어요.

 1 한셀 NEO(2016) 실행하기

01 한셀 NEO(2016)을 실행하기 위해 **[시작(⊞)]−[한셀(📖)]**을 선택해요.

02 한셀 NEO(2016) 프로그램의 화면은 이렇게 구성되어 있어요.

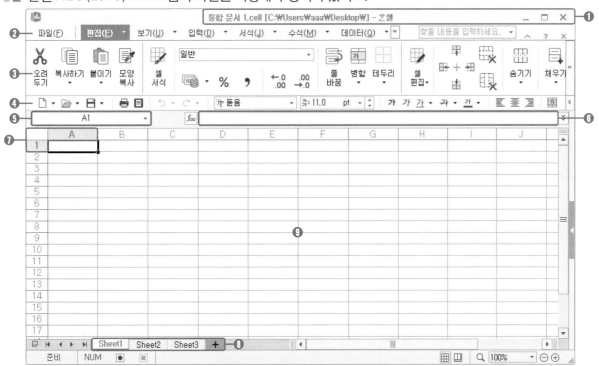

❶ **제목** : 문서 이름과 경로, 프로그램의 제목, 최소화/최대화/닫기 단추가 있어요.

❷ **메뉴** : 프로그램에서 사용하는 메뉴를 비슷한 기능별로 묶어 놓았어요.

❸ **기본 도구 상자** : 각 메뉴에서 자주 사용하는 기능을 그룹별로 묶어 놓았어요.

❹ **서식 도구 상자** : 문서를 편집할 때 자주 사용하는 기능을 모아 아이콘으로 묶어 놓았어요.

❺ **이름 상자** : 선택된 셀의 범위가 나타나며, 셀 주소 대신 이름을 지정할 수도 있어요.

❻ **수식 입력줄** : 선택된 셀의 내용을 나타내거나 수식을 입력할 때 이용해요.

❼ **행/열 머리글** : 현재 선택된 행과 열은 강조색으로 표시되며, 머리글을 선택하면 해당 행 또는 열 전체가 선택돼요.

❽ **시트탭** : 새로운 시트를 추가하거나 삭제할 수 있고, 이름을 변경할 수도 있어요.

❾ **워크시트** : 실제 모든 작업이 이루어지는 영역이에요.

2 파일 불러와 텍스트 입력하기

01 [파일]-[불러오기]를 선택해요. [불러오기] 대화상자가 나타나면 [01차시] 폴더에서 '한셀 2016 만나기 (예제).cell' 파일을 선택하고 <열기>를 클릭해요.

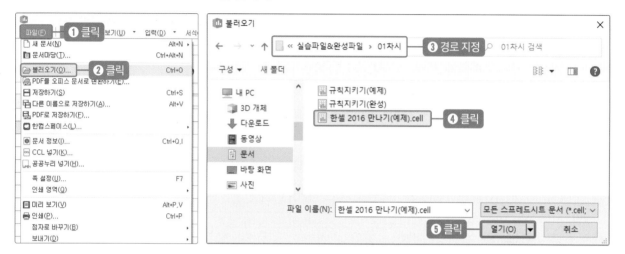

02 파일이 열리면 [B13] 셀을 클릭하고 텍스트를 입력한 후 Enter 를 눌러요.

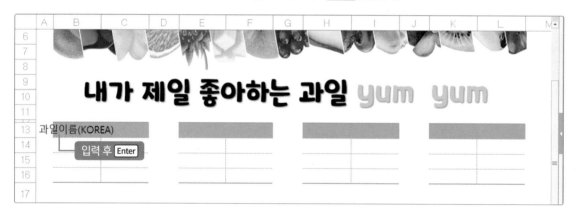

03 같은 방법으로 [C13] 셀과 [B14:C16] 셀에도 텍스트를 입력해요.

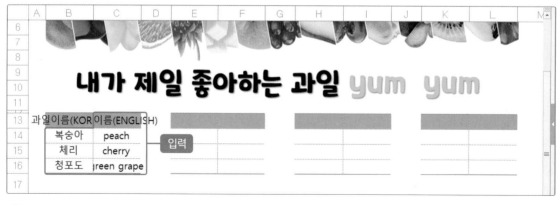

💡 [C13] 셀은 "영문이름(ENGLISH)"을 입력해요.

04 나머지 셀에도 다음과 같이 내용을 입력해요.

05 입력한 텍스트의 글꼴을 바꾸기 위해 [B13:C16] 셀을 블록 지정해요. Ctrl 을 누른 상태에서 [E13:F16] 셀, [H13:I16] 셀, [K13:L16] 셀을 블록 지정해요.

06 서식 도구 상자에서 글꼴을 지정해요.

- ❷ 경기천년제목 Medium

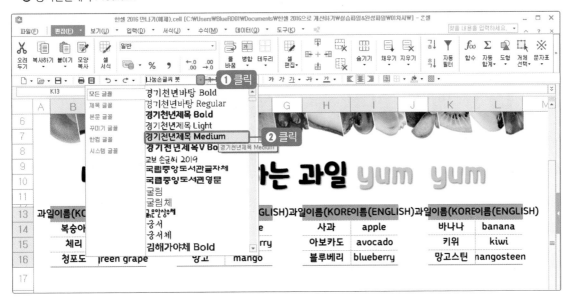

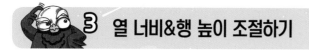

③ 열 너비&행 높이 조절하기

01 [Ctrl]을 이용하여 [B13:C13], [E13:F13], [H13:I13], [K13:L13] 셀을 모두 블록 지정하고 [**편집**] **탭-** [**줄 바꿈**]을 클릭해요.

02 13행의 높이를 조절하기 위해 13행과 14행의 행 머리글 사이에 마우스 포인터를 놓고 더블 클릭해요.

💡 열 머리글이나 행 머리글 사이를 더블 클릭하면 입력된 내용 길이에 맞춰 자동으로 열 너비나 행 높이가 조절됩니다.

03 셀의 내용이 모두 보일 수 있도록 아래 그림을 참고하여 열 머리글을 조절해 문서를 완성해요.

혼자서 뚝딱뚝딱

1 '규칙지키기(예제).cell' 파일을 실행하여 내용을 입력하고 작성 조건에 따라 문서를 완성해 보세요.

· 실습파일 : 규칙지키기(예제).cell   · 완성파일 : 규칙지키기(완성).cell

	교실	화장실	급식실	컴퓨터실
	(이미지)	(이미지)	(이미지)	(이미지)
	수업시간에 떠들지 않아요.	줄을 서서 차례를 지켜서 이용해요.	줄을 서서 차례를 지켜서 이용해요.	음식물을 가지고 오지 않아요.
	수업시간에 돌아다니지 않아요.	용변을 본 후에는 물을 꼭 내려요.	친구와 크게 이야기를 하지 않아요.	허락 없이 인터넷이나 게임을 하지 않아요.
	친구에게 심하게 장난을 치지 않아요.	손을 씻을 때는 물이 튀지 않도록 주의해요.	기침을 할 때에는 침이 튀지 않도록 팔로 가려요.	프로그램을 설치하거나 삭제하지 않아요.
	질문이 있을 땐 조용히 손을 들어요.	바닥이 미끄러울 수 있으니 뛰어다니지 않아요.	다 먹은 후에는 식판과 수저를 가져다 놓아요.	수업이 끝나면 컴퓨터를 끄고 자리를 정리해요.
	위험한 물건으로 장난치지 않아요.		컵을 사용한 후에는 제자리에 놓아요.	돌아다니거나 떠들지 않아요.

학교에서 지켜야 할 규칙

작성 조건

· [B4:E4] 셀
  - 데이터 입력
  - 글꼴 'HY동녘M', 글자 크기 '16pt', 글자 색 '하양(RGB:255,255,255)', 가운데 정렬
· [B6:E10] 셀
  - 데이터 입력
  - 글꼴 '경기천년제목 Light', 글자 크기 '13pt', 글자 색 '하양(RGB:255,255,255)', 가운데 정렬
  - 줄 바꿈

💡 글자 색 지정하기
· 색에 마우스 포인터를 가져가면 풍선 도움말에 색상 이름이 표시돼요.
· 글자 색 팔레트의 '▶'을 클릭하면 '색상 테마'를 변경할 수 있어요.

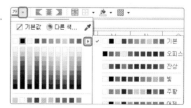

#자동 채우기 #복사하기

02 자동 채우기로 시간표 만들기

학습목표

- 자동 채우기 기능을 활용하여 데이터를 쉽게 입력할 수 있습니다.
- 복사하기 기능을 이용하여 데이터를 입력할 수 있습니다.
- 완성된 파일을 다른 이름으로 저장할 수 있습니다.

✭ **자동 채우기** 요일이나 날짜 등 일정한 규칙이 있는 데이터는 채우기 핸들을 이용하면 쉽게 데이터 입력을 완료할 수 있어요.

실습파일 : 시간표(예제).cell　　　완성파일 : 시간표(완성).cell

미리보기

우리반 시간표

구분	월	화	수	목	금
1교시	국어	수학	미술	과학	국어
2교시	영어	한자	영어	음악	과학
3교시	수학	통합	국어	국어	수학
4교시	과학	영어	사회	영어	사회
5교시	사회	체육	과학	체육	영어
6교시		창체		창체	

1 자동 채우기로 텍스트 입력하기

01 '시간표(예제).cell' 파일을 불러옵니다. 제목을 입력하기 위해 **[D2]** 셀을 클릭하고 텍스트를 입력해요.

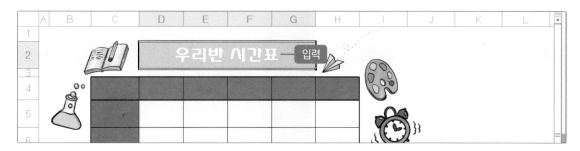

02 **[C4]** 셀과 **[D4]** 셀에 각각 텍스트를 입력해요.

💡 셀에 내용을 입력한 다음 **Enter**를 누르면 아래쪽 셀, **Tab**을 누르면 오른쪽 셀로 이동해요.

03 **[D4]** 셀의 오른쪽 아래 채우기 핸들을 **[H4]** 셀까지 드래그해요.

💡 · 셀에 숫자나 날짜를 입력한 다음 채우기 핸들을 이용하여 드래그하면 1씩 증가하면서 표시돼요.
　· 규칙이 없는 텍스트를 입력한 다음 채우기 핸들을 이용하여 드래그하면 동일한 내용이 복사돼요.

04 [C5] 셀에 "**1교시**" 텍스트를 입력
하고 채우기 핸들을 [C10] 셀까지
드래그해요.

2 셀을 복사하여 텍스트 입력하기

01 시간표의 과목을 입력하기 위해 [D5] 셀에 "**국어**"를 입력해요. 입력한 텍스트를 다른 셀에도 입력하기 위해
[D5] 셀이 선택된 상태에서 Ctrl+C를 눌러 복사해요.

02 [F7] 셀을 선택하고 Ctrl+V를 눌러 붙여 넣어요.

03 계속해서 [G7] 셀과 [H5] 셀도 각각 클릭하여 Ctrl+V를 눌러 붙여 넣어요.

③ 복사 기능으로 여러 셀에 한꺼번에 텍스트 입력하기

01 [D6] 셀에 **"영어"**를 입력하고 Ctrl+C를 눌러 복사해요. "영어"가 입력되어야 할 [E8], [F6], [G8], [H9] 셀을 Ctrl을 이용하여 모두 선택한 후 Ctrl+V를 눌러 붙여 넣어요.

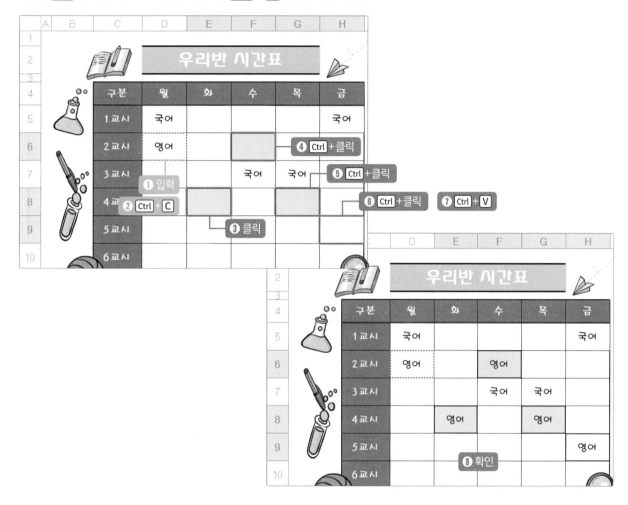

02 같은 방법으로 나머지 셀에도 시간표 과목을 입력해요.

4 테두리 지정하기

01 복사하기 과정을 통해 바깥쪽 테두리의 굵은 선이 가는 실선으로 변경되었으므로 테두리를 다시 지정하기 위해 **[C4:H10]** 셀을 블록 지정하고 서식 도구 상자에서 **[테두리]-[바깥쪽(두꺼운 선)( )]**을 선택해요.

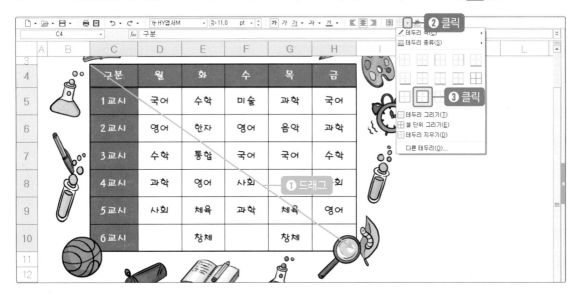

5 다른 이름으로 저장하기

01 완성된 시간표를 다른 이름으로 저장하기 위해 **[파일] 탭-[다른 이름으로 저장하기]**를 클릭해요. [다른 이름으로 저장하기] 대화상자가 나타나면 경로를 지정한 후 파일명을 입력하고 <저장>을 클릭해요.

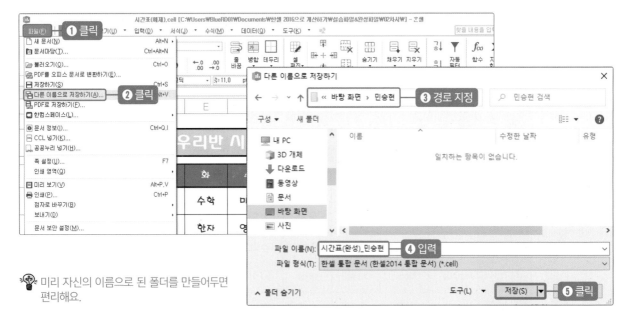

미리 자신의 이름으로 된 폴더를 만들어두면 편리해요.

14

혼자서 뚝딱뚝딱

1
'운동기록(예제).cell' 파일을 실행하고 자동 채우기와 복사 기능을 이용하여 문서를 완성해 보세요.

· 실습파일 : 운동기록(예제).cell   · 완성파일 : 운동기록(완성).cell

나의 운동기록

날짜	걷기	줄넘기	달리기
03월 01일	20분	50회	5분
03월 02일	15분	50회	5분
03월 03일	19분	70회	7분
03월 04일	25분	40회	5분
03월 05일	비 와서 휴식		
03월 06일	20분	60회	5분
03월 07일	15분	55회	6분

[B6] 셀에 날짜는 '3-1'로 입력하고 채우기 핸들을 [B12] 셀까지 드래그해요.

과학 5-2 ▶ 날씨와 우리 생활

2
'이번주 날씨(예제).cell' 파일을 실행하고 자동 채우기와 복사 기능을 이용하여 문서를 완성해 보세요.

· 실습파일 : 이번주 날씨(예제).cell   · 완성파일 : 이번주 날씨(완성).cell

우리동네 주간 날씨

날짜	요일	날씨	최저온도	최고온도
03월 03일	월요일		1	13
03월 04일	화요일		-1	10
03월 05일	수요일		0	14
03월 06일	목요일		-2	12
03월 07일	금요일		2	13
03월 08일	토요일		5	13

[B5] 셀에 날짜는 '3-3'으로 입력하고 채우기 핸들을 [B10] 셀까지 드래그해요.

#서식 지정 #채우기 색 #테두리

03 서식을 지정하여 효도쿠폰 만들기

학습목표

- 글꼴, 글자 크기, 글자 색을 변경할 수 있습니다.
- 셀 안에 채우기 색을 지정할 수 있습니다.
- 셀 주변에 테두리를 지정할 수 있습니다.

☆ **셀 서식**   셀에 입력된 텍스트의 글꼴, 글자 크기, 글자 색, 정렬을 변경하거나 셀 테두리, 채우기 색 등을 설정할 수 있어요.

실습파일 : 효도쿠폰(예제).cell   완성파일 : 효도쿠폰(완성).cell

미리보기

어버이날 기념 효도 쿠폰

청소 쿠폰
(구석구석 반짝반짝 책임져요!)

발행인 : 우리집 귀염둥이 민승현♥
사용기한 : 5월 8일~6월 7일(한 달)

주의사항!!
가끔 오작동할 수 있습니다. ^^
_____

사용 확인 :
쿠폰 사용 후 사인해주세요^^

어버이날 기념 효도 쿠폰

재롱 쿠폰
(부모님을 위한 쇼쇼쇼! 끝이 없어!)

발행인 : 우리집 귀염둥이 민승현♥
사용기한 : 5월 8일~6월 7일(한 달)

주의사항!!
가끔 오작동할 수 있습니다. ^^
_____

사용 확인 :
쿠폰 사용 후 사인해주세요^^

어버이날 기념 효도 쿠폰

자유 쿠폰
(종류 제한 없이 마구 시켜요!)

발행인 : 우리집 귀염둥이 민승현♥
사용기한 : 5월 8일~6월 7일(한 달)

주의사항!!
가끔 오작동할 수 있습니다. ^^
_____

사용 확인 :
쿠폰 사용 후 사인해주세요^^

어버이날 기념 효도 쿠폰

사랑 고백 쿠폰
(하루 종일 사랑한다고 이야기해요!)

발행인 : 우리집 귀염둥이 민승현♥
사용기한 : 5월 8일~6월 7일(한 달)

주의사항!!
가끔 오작동할 수 있습니다. ^^
_____

사용 확인 :
쿠폰 사용 후 사인해주세요^^

1 텍스트 입력하고 서식 설정하기

01 '**효도쿠폰(예제).cell**' 파일을 실행해요. 쿠폰 이름에 서식을 지정하기 위해 **[C5]** 셀을 선택하고 서식 도구 상자에서 글꼴, 글자 크기, 글자 색, 가운데 정렬을 지정해요.

· ❷ 경기천년제목 Medium ❸ 22pt ❹ 빨강(RGB:255,0,0) ❺ 가운데 정렬

💡 '빨강(RGB:255,0,0)'은 '오피스' 색상 테마에서 지정할 수 있어요.

02 일부 텍스트만 글자 색을 변경하기 위해 **[C8]** 셀을 더블 클릭하고 서식을 변경할 텍스트만 블록 지정한 후 서식 도구 상자에서 글자 색을 원하는 색상으로 선택해요.

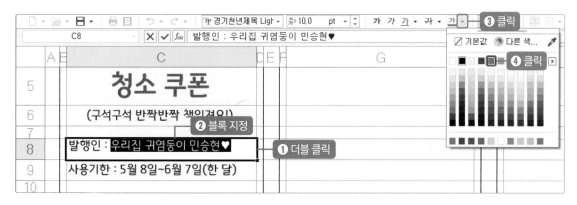

03 같은 방법으로 **[C9]** 셀의 텍스트도 글자 색을 변경해요. 이어서, **[C15]** 셀을 선택하고 서식 도구 상자에서 글꼴을 자유롭게 변경해요.

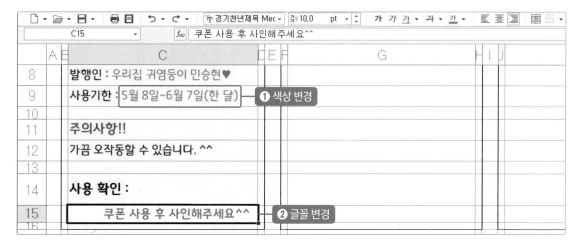

04 셀에 채우기 색을 지정하기 위해 **[C3]** 셀을 선택하고 서식 도구 상자에서 채우기 색을 지정해요.

05 셀에 테두리를 지정하기 위해 **[C3]**을 선택하고 Ctrl을 누른 상태에서 **[C13]** 셀을 클릭해요. 서식 도구 상자에서 **[테두리]-[아래 두꺼운 선( )]**을 클릭해요.

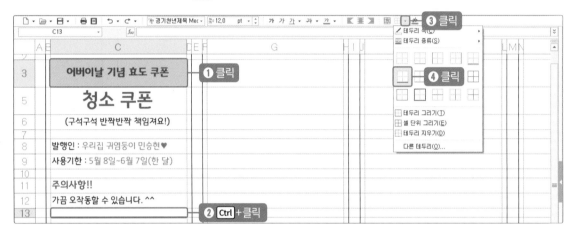

2 셀 복사하고 서식 변경하기

01 만든 쿠폰을 복사하기 위해 **[C3:C15]** 셀을 블록 지정하고 Ctrl+C를 눌러 복사해요.

02 **[G3]** 셀을 선택하고 Ctrl+V를 눌러 붙여 넣어요.

03 같은 방법으로 [K3] 셀과 [O3] 셀을 클릭한 후 붙여 넣어요.

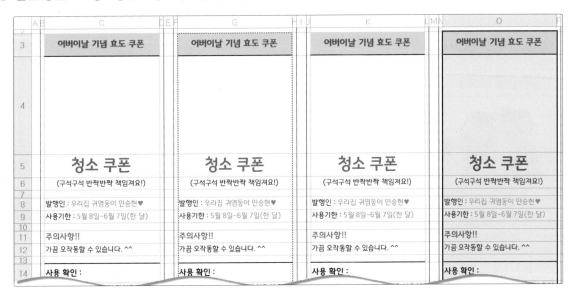

Ctrl + C 를 누르면 복사한 영역이 점선으로 표시되며 한 번 복사된 셀은 Ctrl + V 로 계속 붙여 넣기 할 수 있어요.

04 [G3] 셀을 선택하고 서식 도구 상자에서 채우기 색을 원하는 색상으로 변경해요.

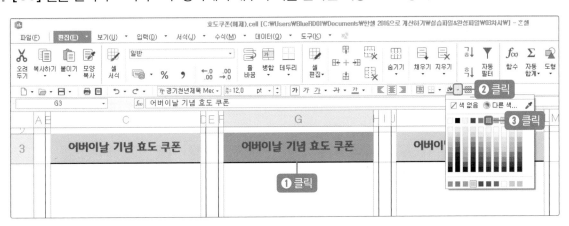

05 같은 방법으로 [K3] 셀과 [O3] 셀의 색상을 변경하고, 내용이 잘 보이지 않는 셀은 글자 색을 '하양 (RGB:255,255,255)'으로 지정해요.

06 [G5:G6], [K5:K6], [O5:O6] 셀의 쿠폰 이름과 설명을 입력해요.

07 아래쪽에 있는 이미지를 위쪽으로 드래그하여 [C4], [G4], [K4], [O4] 셀에 다음과 같이 배치해요.

💡 이미지의 크기를 조절해 배치해요.

08 [보기] 탭에서 '눈금 선'의 체크를 해제하면 눈금 선이 보이지 않아 깔끔하게 완성할 수 있어요.

1 '특강신청현황(예제).cell' 파일을 실행하여 내용을 입력하고 작성 조건에 따라 문서를 완성해 보세요.

· 실습파일 : 특강신청현황(예제).cell　　· 완성파일 : 특강신청현황(완성).cell

	A	B	C	D	E	F
1						
2		☆방학 특강 신청 현황				
3						
4		순위	강좌명	대상	신청인원	최대인원
5		1위	▣보드게임	초1~3	20	20
6		2위	☝스포츠교실	초1~3	14	15
7		3위	♠마술교실	초4~6	12	15
8		4위	♬영어노래	초1~3	11	20
9		5위	◈동화이야기	초1~3	10	20
10						

· [B2:F2] : 글꼴 '양재소슬체S', 글자 크기 '17pt', 글자 색 '하양(RGB:255,255,255)',
　채우기 색을 원하는 색상으로 변경
· [B4:F9] : 테두리 '모두 적용, 바깥쪽(두꺼운 선)'
· [B4:F4] : 채우기 색 변경

💡 특수 문자는 자음 'ㅁ'을 입력하고 한자 를 눌러 나타나는 [특수 문자로 바꾸기] 대화상자에서 입력할 수 있어요.

📖 **영어 3-2** ▷ What is this?

2 '동물단어카드(예제).cell' 파일을 실행하여 내용을 입력하고 작성 조건에 따라 문서를 완성해 보세요.

· 실습파일 : 동물단어카드(예제).cell　　· 완성파일 : 동물단어카드(완성).cell

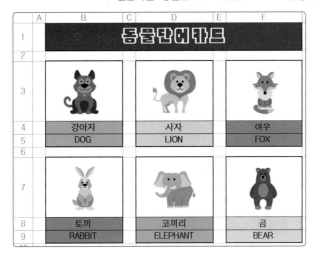

· [B1:F1] : 테두리 '바깥쪽(두꺼운 선)', 채우기 색 변경
· [B3:B5], [D3:D5], [F3:F5], [B7:B9], [D7:D9], [F7:F9] : 테두리 '모두 적용, 바깥쪽(두꺼운 선)'
· [B4:B5], [B8:B9], [D4:D5], [D8:D9], [F4:F5], [F8:F9] : 채우기 색 변경

#무늬 채우기 #한자 변환 #병합하고 가운데 맞춤

04

학습목표

셀에 무늬를 채워 한자 사전 만들기

- 한글을 한자로 변환할 수 있습니다.
- 셀에 무늬를 채울 수 있습니다.
- 여러 셀을 하나의 셀로 병합할 수 있습니다.

✿ **무늬 채우기**   각각의 셀에는 색상뿐만이 아니라 다양한 모양의 무늬를 채울 수도 있어요.

실습파일 : 한자사전(예제).cell   완성파일 : 한자사전(완성).cell

미리보기

01 '한자사전(예제).cell' 파일을 실행해요. 한자로 변환하기 위해서는 먼저 한글을 입력해야 해요. **[B21]** 셀에 **"목"**을 입력하고 한자를 눌러 하위 목록에서 알맞은 한자를 선택해요.

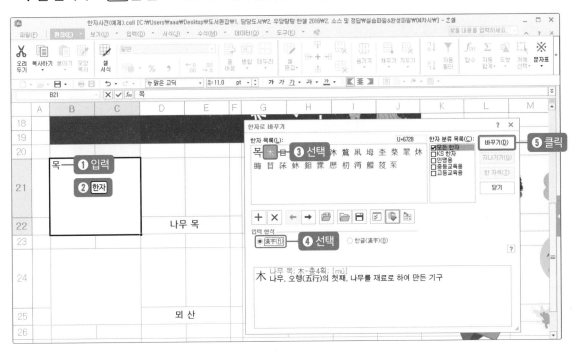

02 같은 방법으로 **[B24]**, **[B27]**, **[G21]**, **[G24]**, **[G27]** 셀에도 한자를 입력해요.

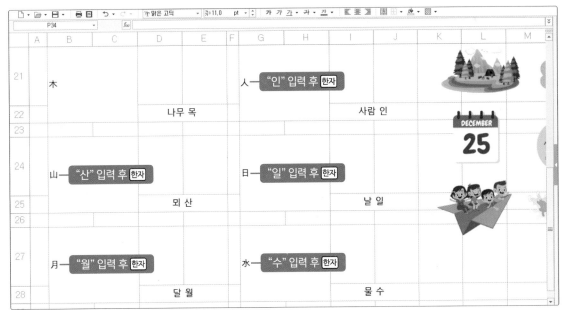

한글을 입력한 다음 F9를 눌러도 [한자로 바꾸기] 대화상자가 나타날 거예요.

2 셀에 무늬 채우기

01 한자가 입력된 셀에 무늬를 지정하기 위해 [B21] 셀을 선택한 후 [서식] 탭–[무늬(▨)]를 클릭하여 원하는
'**무늬 모양**'과 '**무늬 색**'을 지정해요.

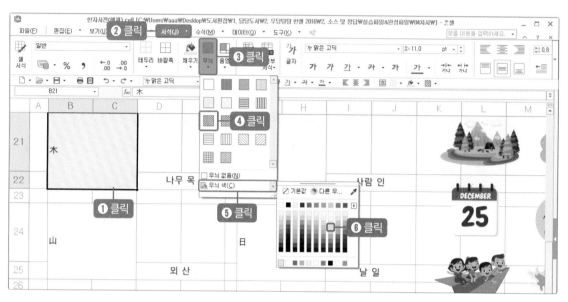

02 같은 방법으로 [B24], [B27], [G21], [G24], [G27] 셀에도 무늬를 지정해 보세요.

03 무늬가 채워진 셀을 '**가운데 맞춤(▤)**'으로 지정하고, 글꼴 서식을 자유롭게 변경해요. 서식 도구 상자를 이용
하면 빠르게 변경이 가능하답니다.

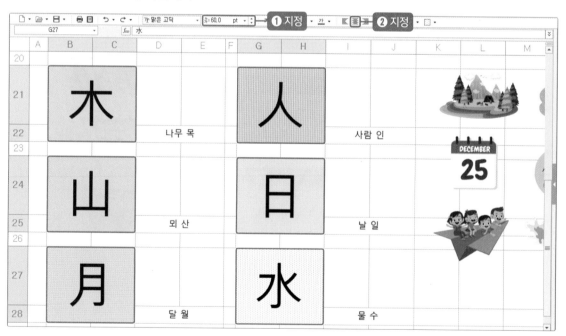

- 셀의 채우기를 흰색이 아닌 다른 색으로 지정한 다음 무늬를 적용하면 더욱 다양한 무늬를 만들 수 있어요.
- 셀이 선택된 상태에서는 해당 셀에 지정된 색상과 무늬가 다르게 보일 수 있어요.

③ 다양한 서식 지정하기

01 이번엔 `Ctrl`을 이용하여 [D22], [D25], [D28], [I22], [I25], [I28] 셀을 모두 선택하고 서식 도구 상자에서 **[채우기]** 색을 원하는 색상으로 지정해요.

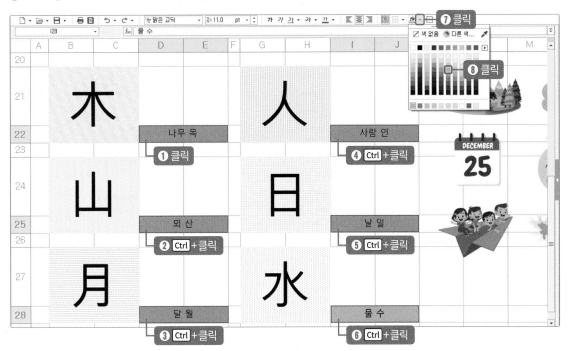

02 아래 그림을 참고하여 서식 도구 상자에서 자유롭게 글꼴 서식을 변경해 보세요.

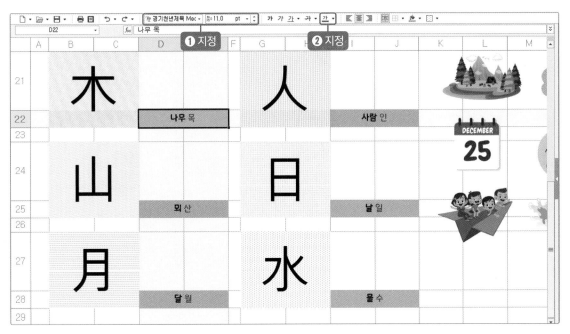

💡 같은 셀 안에 입력된 내용의 색상을 서로 다르게 지정하고 싶을 때는 변경하려는 텍스트를 블록으로 지정한 후 변경할 수 있어요.

03 셀 테두리를 지정하기 위해 `Ctrl`을 이용하여 **[B21:E22]**, **[B24:E25]**, **[B27:E28]**, **[G21:J22]**, **[G24:J25]**, **[G27:J28]** 셀을 블록 지정하고 서식 도구 상자에서 **[테두리]−[모두 적용(⊞)]**을 클릭해요.

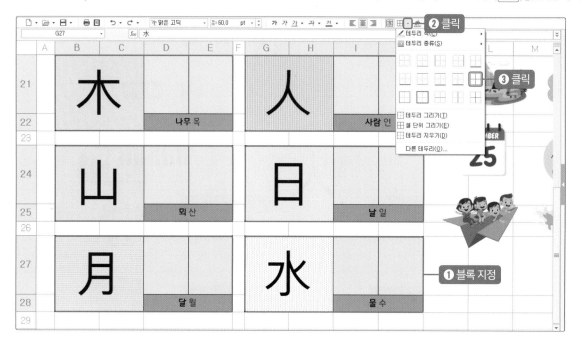

04 셀을 병합하기 위해 **[D21:E21]**, **[D24:E24]**, **[D27:E27]**, **[I21:J21]**, **[I24:J24]**, **[I27:J27]** 셀을 블록 지정한 후 서식 도구 상자에서 **[병합하고 가운데 맞춤(가)]**을 클릭해요.

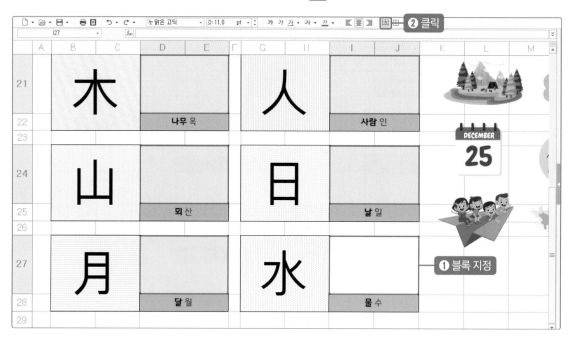

05 오른쪽에 있는 이미지를 병합한 셀에 알맞게 배치하여 완성해요.

1 '글씨쓰기 연습장(예제).cell' 파일을 실행하고 작성 조건에 따라 서식을 지정해 보세요.

• 실습파일 : 글씨쓰기 연습장(예제).cell   • 완성파일 : 글씨쓰기 연습장(완성).cell

	한자 연습장							자음 연습장						
月	月	月	月	月	月	月		ㄱ	ㄱ	ㄱ	ㄱ	ㄱ	ㄱ	ㄱ
달월	달월	달월	달월	달월	달월	달월		기역	기역	기역	기역	기역	기역	기역
火	火	火	火	火	火	火		ㄴ	ㄴ	ㄴ	ㄴ	ㄴ	ㄴ	ㄴ
불화	불화	불화	불화	불화	불화	불화		니은	니은	니은	니은	니은	니은	니은
水	水	水	水	水	水	水		ㄷ	ㄷ	ㄷ	ㄷ	ㄷ	ㄷ	ㄷ
물수	물수	물수	물수	물수	물수	물수		디귿	디귿	디귿	디귿	디귿	디귿	디귿
木	木	木	木	木	木	木		ㄹ	ㄹ	ㄹ	ㄹ	ㄹ	ㄹ	ㄹ
나무목	나무목	나무목	나무목	나무목	나무목	나무목		리을	리을	리을	리을	리을	리을	리을
金	金	金	金	金	金	金		ㅁ	ㅁ	ㅁ	ㅁ	ㅁ	ㅁ	ㅁ
쇠금	쇠금	쇠금	쇠금	쇠금	쇠금	쇠금		미음	미음	미음	미음	미음	미음	미음
土	土	土	土	土	土	土		ㅂ	ㅂ	ㅂ	ㅂ	ㅂ	ㅂ	ㅂ
흙토	흙토	흙토	흙토	흙토	흙토	흙토		비읍	비읍	비읍	비읍	비읍	비읍	비읍
日	日	日	日	日	日	日		ㅅ	ㅅ	ㅅ	ㅅ	ㅅ	ㅅ	ㅅ
날일	날일	날일	날일	날일	날일	날일		시옷	시옷	시옷	시옷	시옷	시옷	시옷

 작성조건

• 한자 연습장
  - [B3:B4] 셀 블록 지정 → Ctrl을 누른 채 [H4] 셀까지 채우기 핸들로 데이터 입력
  - [B6:B7], [B9:B10], [B12:B13], [B15:B16], [B18:B19], [B21:B22] 셀도 Ctrl을 누른 채 채우기 핸들로 데이터 입력
  - [B3:H3], [B6:H6], [B9:H9], [B12:H12], [B15:H15], [B18:H18], [B21:H21] 셀의 글꼴 서식 변경 → 글꼴 크기 '22pt', '진하게'
  - [C3:H22] 셀의 글꼴 서식 변경 → 글자 색 '검정 80% 밝게'
• 자음 연습장
  - [J3:J22] 셀 블록 지정 → [P22] 셀까지 채우기 핸들로 데이터 입력
  - [J3:P3], [J6:P6], [J9:P9], [J12:P12], [J15:P15], [J18:P18], [J21:P21] 셀의 글꼴 서식 변경 → 글꼴 크기 '22pt', '진하게'
  - [K3:P22] 셀의 글꼴 서식 변경 → 글자 색 '검정 80% 밝게'
• [B1:H1], [J1:P1]에 각각 원하는 무늬를 적용

#그림 삽입 #고급 효과 #배경 제거

05

학습목표

그림 삽입으로 공룡도감 만들기

- 문서에 그림을 삽입할 수 있습니다.
- 삽입한 그림의 밝기, 채도를 변경할 수 있습니다.
- 삽입한 그림의 배경을 제거할 수 있습니다.

♡ 그림   컴퓨터에 저장된 그림을 삽입할 수 있고, 삽입한 그림은 밝기나 투명도 등을 조절해 그림을 예쁘게 꾸밀 수 있어요.

실습파일 : 공룡도감(예제).cell, 이미지 파일(공룡01~공룡08)   완성파일 : 공룡도감(완성).cell

미리보기

띵동! 신기한 공룡이야기

이름	스테고사우루스	티라노사우루스	파라사우롤로푸스	브라키오사우루스
모습				
몸길이	9m	13m	10m	26m
높이	4m	5m	3m	13m

이름	프테라노돈	플레시오사우루스	트리케라톱스	파키케팔로사우루스
모습				
몸길이	5m	4m	8m	4m
높이	2m	1m	3m	2m

1 행 높이 조절하기

01 '공룡도감(예제).cell' 파일을 실행한 후 셀 높이를 조절하기 위해 4행과 9행의 행 머리글을 클릭하고 [서식] 탭-[행 높이(▣)]-[행 높이 지정]을 클릭해요. [행 높이] 대화상자가 나타나면 "80"을 입력하고 <확인>을 클릭해요.

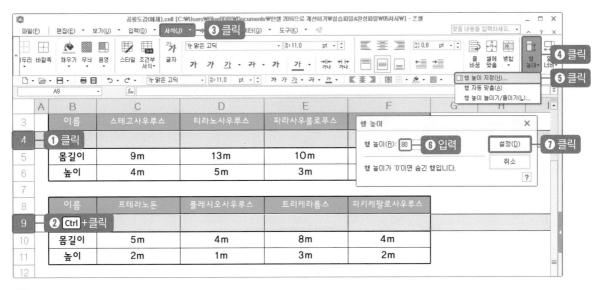

> 🔆 ・행 머리글 위에서 마우스 오른쪽 버튼을 눌러 [행 높이 지정] 바로가기 메뉴를 이용하여 조절할 수도 있어요.
> ・높이가 조절되면 임의의 셀을 클릭하여 블록을 해제해요.

2 그림 삽입하기

01 그림을 삽입하기 위해 [입력] 탭-[그림(🖼)]을 클릭해요. [그림 넣기] 대화상자가 나타나면 [05차시] 폴더 에서 '공룡01'을 클릭하고 Shift를 누른 상태에서 '공룡08'을 선택한 후 <넣기>를 클릭해요.

> 🔆 ・연속된 파일을 선택하기 위해서는 첫 번째 이미지를 클릭하고 Shift를 누른 상태에서 마지막 이미지를 선택하면 돼요.
> ・그림 삽입 직전에 선택된 셀의 위치를 기준으로 그림이 입력되니 주의하세요.

02 그림이 삽입되면 [그림] 탭-[높이]에 "25"를 입력하고 Enter 를 눌러요. 같은 방법으로 나머지 그림들도 크기를 변경해보세요.

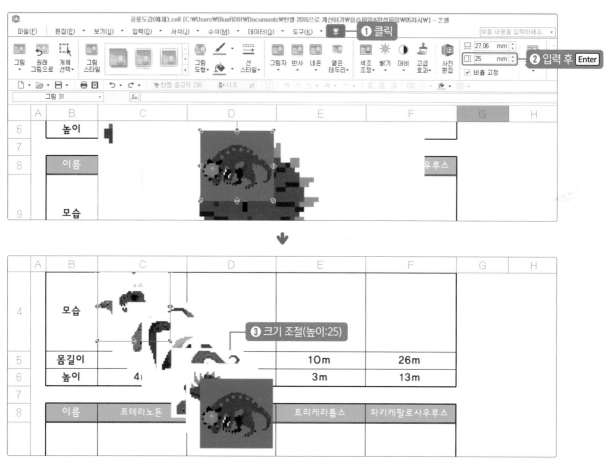

💡 · Shift 를 이용하여 그림을 모두 선택한 후 한꺼번에 크기를 조절해도 돼요.
　 · '비율 고정'에 체크되어 있으므로 높이 값을 수정하면 동일한 비율로 너비가 자동 변경돼요.

03 Esc 를 눌러 이미지 선택을 해제하고, 다음과 같이 배치해요.

💡 Ctrl 을 누른 채 방향키(←, →, ↑, ↓)를 이용하면 그림의 위치를 세밀하게 이동시킬 수 있어요.

③ 그림 수정하기

01 먼저 **'공룡08'** 이미지에 지정된 배경색을 제거해 볼게요. 이미지를 선택하고 **[그림] 탭-[사진 편집(🖼)]**을 클릭해요.

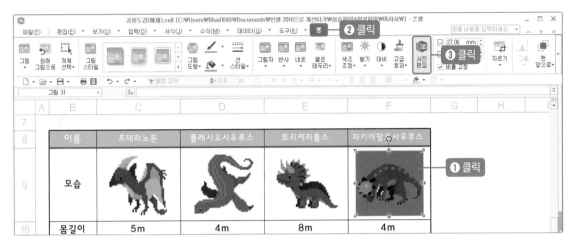

02 [사진 편집기] 대화상자가 나타나면 **[투명 효과]**를 클릭해요.

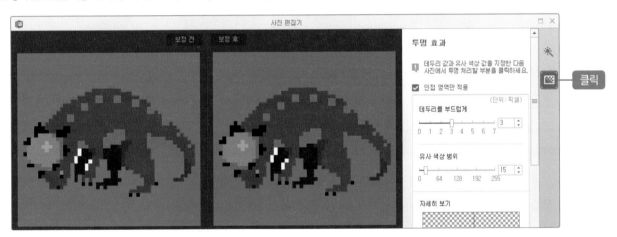

03 배경 색상 부분을 선택하여 투명해진 것을 확인한 후 <적용>을 클릭해요.

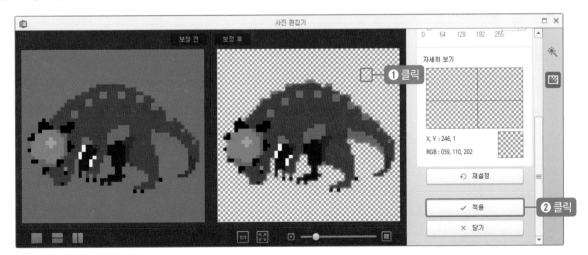

04 이번엔 그림에 효과를 주기 위해 **'공룡01'** 이미지를 선택하고 **[그림] 탭-[고급 효과(** 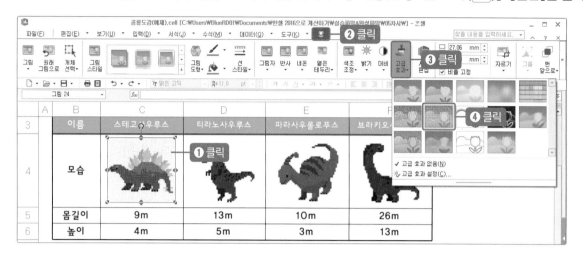 **)]-[질감]**을 클릭해요.

05 나머지 공룡 이미지도 자유롭게 효과를 지정해 공룡 도감을 완성해요.

이름	스테고사우루스	티라노사우루스	파라사우롤로푸스	브라키오사우루스
모습				
몸길이	9m	13m	10m	26m
높이	4m	5m	3m	13m

이름	프테라노돈	플레시오사우루스	트리케라톱스	파키케팔로사우루스
모습				
몸길이	5m	4m	8m	4m
높이	2m	1m	3m	2m

혼자서 뚝딱뚝딱

1 '친구 소개하기(예제).cell' 파일을 실행하여 내용을 입력하고 작성 조건에 따라 문서를 완성해 보세요.

· 실습파일 : 친구 소개하기(예제).cell, 이미지 파일(캐릭터01~캐릭터04)　　· 완성파일 : 친구 소개하기(완성).cell

	A	B	C	D	E	F
1		** 내 친구를 소개해요 **				
2						
3		이름	이시율	조서은	한윤아	김태희
4		캐릭터				
5		성격	평온	즐거운	기쁜	활발
6		취미	농구	독서	그림그리기	피아노
7		좋아하는색	파랑	초록	빨강	보라
8		혈액형	A	B	AB	O

작성 조건

· 데이터 입력
· [B3:F3] : 채우기 색 변경
· 4행 : 행 높이 '150'
· 그림 삽입 : 캐릭터01~캐릭터04.png
　– 크기 조절 : 높이 '45mm'
　– 캐릭터 01.png : [타일] 효과 설정
　– 캐릭터 02.png : [번진 수채화] 효과 설정
　– 캐릭터 03.png : [유화] 효과 설정
　– 캐릭터 04.png : [필름] 효과 설정

06 워크시트로 운동기록표 만들기

학습목표

- 워크시트의 이름을 변경할 수 있습니다.
- 워크시트를 복사하거나 삭제할 수 있습니다.
- 메모 기능을 이용하여 시트에 메모를 삽입할 수 있습니다.

✿ 워크시트 한셀 NEO(2016)에서는 하나의 문서에서 관련된 내용을 분리하여 작업할 수 있어요.
각각의 워크시트는 자유롭게 복사, 이동을 할 수 있고, 시트의 이름도 마음대로 변경할 수 있어요.

실습파일 : 운동기록표(예제).cell   완성파일 : 운동기록표(완성).cell

미리보기

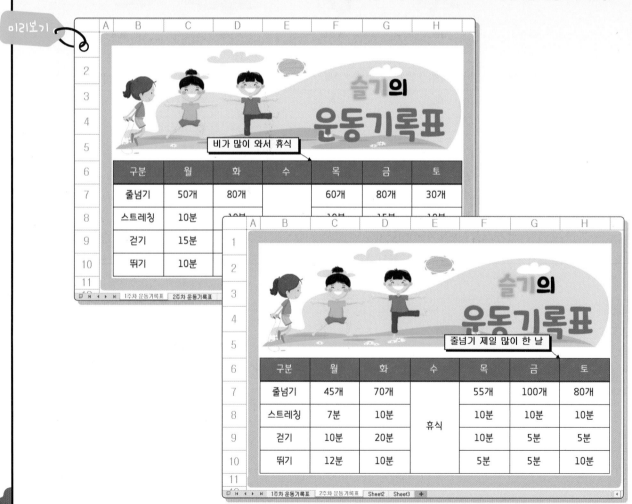

1 데이터 입력하기

01 '운동기록표(예제).cell' 파일을
실행하고 텍스트를 입력해요.

💡 입력된 텍스트는 원하는 글꼴로 변경해
보세요.

02 [B6:H10] 셀을 블록 지정하고 서
식 도구 상자에서 [가운데 정렬
(▤)]을 클릭해요.

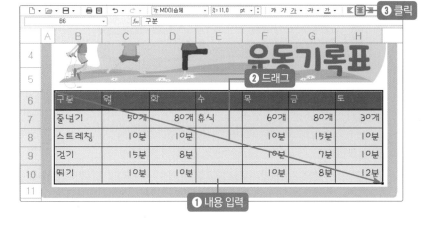

03 [E7:E10] 셀을 블록 지정하고 서
식 도구 상자에서 [병합하고 가운
데 맞춤(▦)]을 클릭해요.

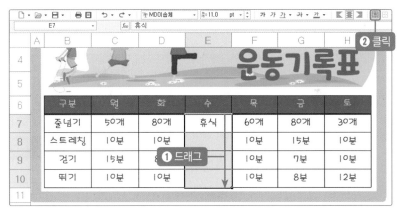

2 메모 삽입하기

01 메모를 삽입하기 위해 [E6] 셀 위에서 마우스 오른쪽 버튼을 눌러 바로 가기 메뉴에서 [메모 삽입]을 클릭해요.

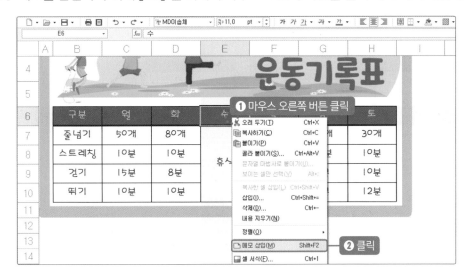

02 메모가 삽입되면 자동으로 컴퓨터의 이름이 표시돼요. Backspace 를 눌러 텍스트를 모두 지우고 다음과 같이 텍스트를 입력해요.

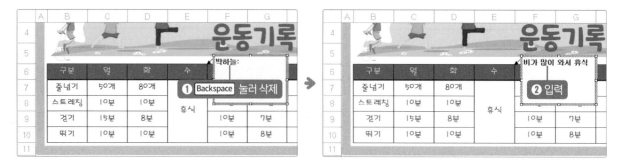

03 메모가 선택된 상태에서 서식 도구 상자의 **[가운데 정렬(≡)]**을 클릭해 텍스트를 가운데로 정렬해주세요.

04 메모 편집 상태에서 아래쪽 조절점을 마우스로 드래그하여 크기를 조절한 후 임의의 셀을 클릭하여 메모를 닫아주세요.

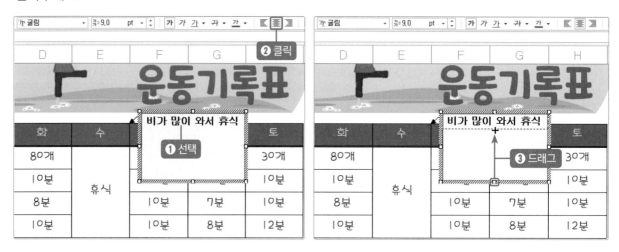

05 메모의 위치를 변경하기 위해 **[E6]** 셀 위에서 마우스 오른쪽 버튼을 눌러 바로 가기 메뉴에서 **[메모 편집]**을 클릭하여 메모를 활성화시켜요.

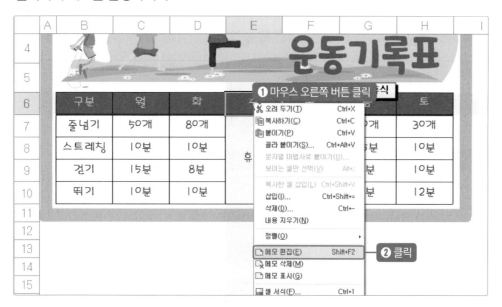

06 메모의 테두리에 마우스 포인터를 가져가 모양이 '⊹'로 변경되면 드래그하여 메모의 위치를 변경해요.

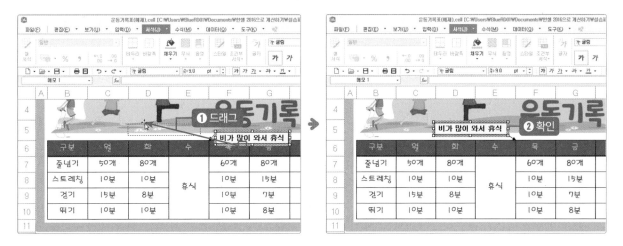

07 메모가 항상 표시되도록 지정하기 위해 **[E6]** 셀 위에서 마우스 오른쪽 버튼을 눌러 바로 가기 메뉴에서 **[메모 표시]**를 클릭해요.

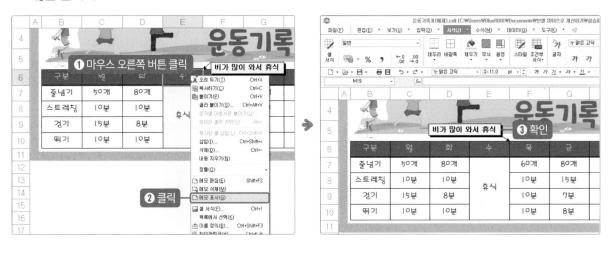

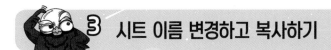

③ 시트 이름 변경하고 복사하기

01 시트 이름을 변경하기 위해 하단의 '**Sheet1**'을 더블 클릭하여 [시트 이름 바꾸기] 대화상자가 나타나면 "**1주차 운동기록표**"를 입력하고 <설정>을 클릭해요.

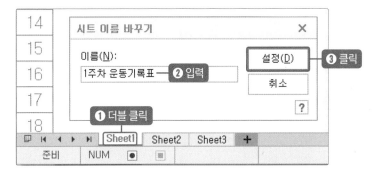

02 시트를 복사하기 위해 '1주차 운동기록표' 시트명 위에서 마우스 오른쪽 버튼을 눌러 바로 가기 메뉴에서 **[시트 이동/복사]**를 클릭해요.

03 [시트 이동/복사] 대화상자가 나타나면 **'Sheet2'**를 선택하고, **'복사'에 체크**한 후 <확인>을 클릭해요.

04 복사된 워크시트를 더블 클릭하여 [시트 이름 바꾸기] 대화상자가 나타나면 **"2주차 운동기록표"**를 입력하고 <설정>을 클릭해요.

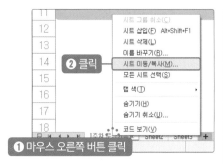 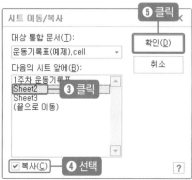 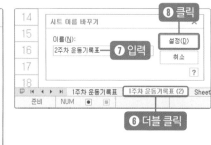

🧙 4 시트 내용 수정하기

01 **'2주차 운동기록표'** 시트를 선택하고 **[C7:H10]** 셀의 내용을 다음과 같이 변경해요.

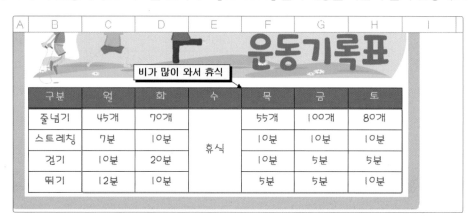

02 [E6] 셀 위에서 마우스 오른쪽 버튼을 눌러 바로 가기 메뉴에서 **[메모 삭제]**를 선택해 메모를 삭제해요. [G6] 셀을 선택하여 다음과 같이 메모를 삽입하고 배치한 후 **[가운데 정렬(▤)]**을 지정해요.

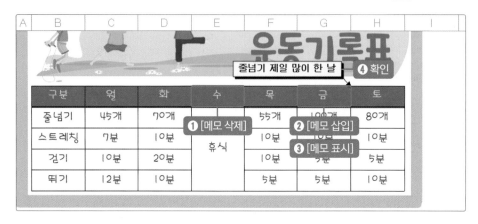

1 '교통수단(예제).cell' 파일을 실행하여 내용을 입력하고 작성 조건에 따라 문서를 완성해 보세요.

• 실습파일 : 교통수단(예제).cell　　• 완성파일 : 교통수단(완성).cell

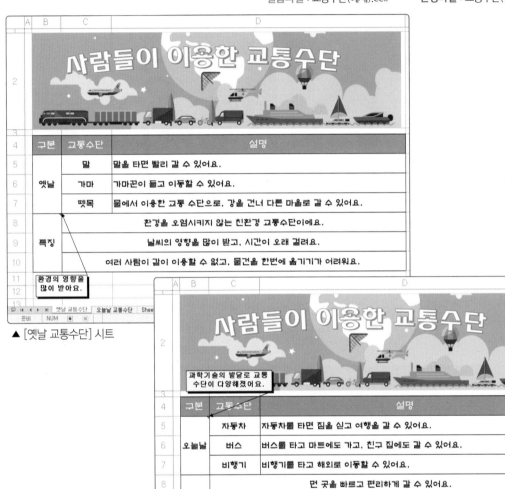

▲ [옛날 교통수단] 시트

▲ [오늘날 교통수단] 시트

• 시트명 변경 : 옛날 교통수단
• [B5:B7], [B8:B10] : 병합하고 가운데 맞춤
• [C8:D8], [C9:D9], [C10:D10] : 병합하고 가운데 맞춤
• [B8] : 메모 삽입, 메모 표시, 텍스트 가운데 정렬
• 시트 복사 후 시트명 변경 : 오늘날 교통수단
• [B5:D10] 셀의 내용 변경
• [B8] 셀의 메모 삭제 후 [B5] 셀에 새로운 메모 삽입, 텍스트 가운데 정렬

07

학습목표

워드숍과 도형으로 완성하는 식품 속 당분 함량

- 워드숍을 삽입하고 효과를 지정할 수 있습니다.
- 도형을 삽입하고 속성을 지정할 수 있습니다.
- 도형을 복사하여 배치할 수 있습니다.

✿ **워드숍** 글자를 예쁘게 꾸미는 작업은 생각보다 어려울 수 있어요.
하지만 글자의 채우기 색, 윤곽선 색, 다양한 효과가 적용되어 있는 워드숍을 사용하면 쉽고 빠르게 예쁜 글자를 만들 수 있어요.

실습파일 : 음식속당분(예제).cell　　　완성파일 : 음식속당분(완성).cell

미리보기

1 워드숍 삽입하기

01 '음식속당분(예제).cell' 파일을 실행하고, 워드숍을 삽입하기 위해 [입력] 탭-[워드숍(캐녀)]-[채우기 - 강조 3(그러데이션), 윤곽 - 밝은 색 1]을 클릭해요.

02 '내용을 입력하세요.'라는 문구가 표시되면 제목을 입력하고, 워드숍의 테두리를 선택한 후 서식 도구 상자에서 글꼴, 글자 크기를 지정해요.

· ❸ 경기천년제목 Medium ❹ 48pt

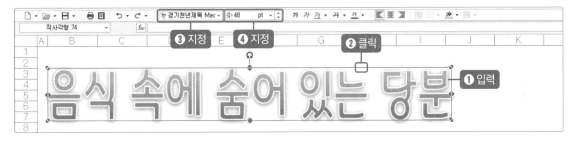

03 워드숍에 텍스트 효과를 지정하기 위해 [도형] 탭-[글자 효과(가)]-[네온]-[강조 색 3, 5 pt]를 지정해요.

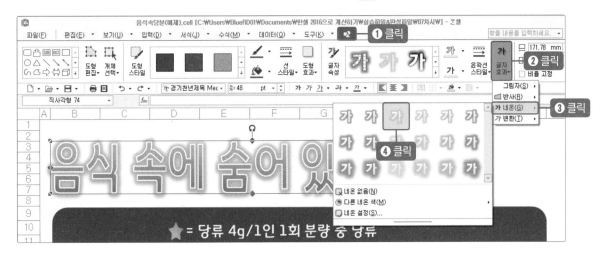

04 워드숍의 모양을 지정하기 위해 [도형] 탭-[글자 효과(가)]-[변환]-[위쪽 원호]를 선택해요.

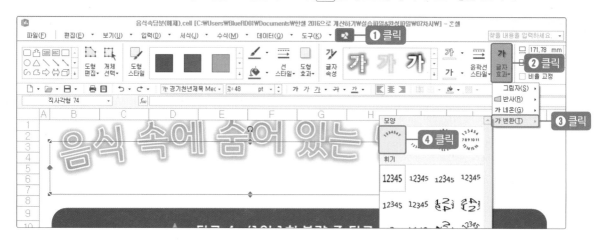

05 워드숍의 효과 설정이 완료되면 테두리를 드래그하여 그림과 같이 배치해요.

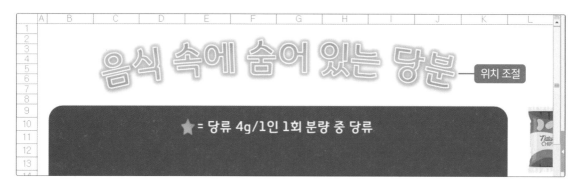

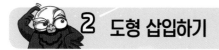

2 도형 삽입하기

01 도형을 삽입하기 위해 [입력] 탭에서 [도형] 꾸러미의 자세히 버튼(↓)을 클릭하여 [기본 도형]-[타원(○)]
을 클릭해요.

02 마우스 포인터 모양이 '✛'으로 바뀌면 Shift를 누른 상태로 드래그하여 원을 삽입해요.

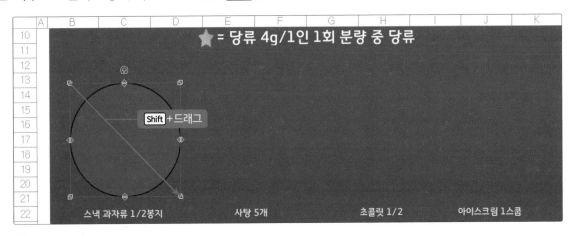

💡 도형을 삽입할 때 Shift+드래그하면 높이와 너비를 같은 비율로 그릴 수 있어요.

03 원 도형이 선택된 상태에서 [도형] 탭에서 '너비'와 '높이'를 각각 "45"로 입력해요.

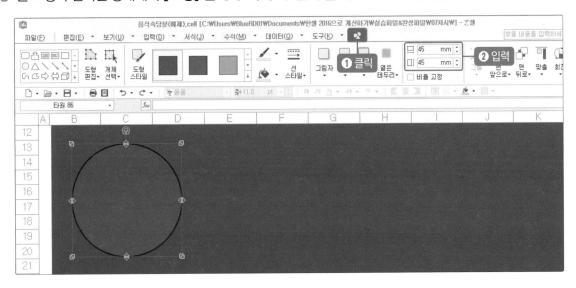

04 도형의 선 스타일을 지정하기 위해 도형이 선택된 상태에서 [도형] 탭-[선 스타일(☰)]-[선 모양]-[점선]을
클릭해요.

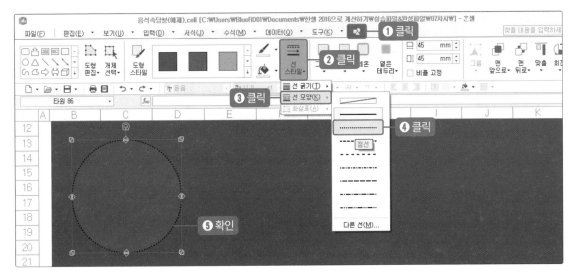

05 [도형] 탭-[선 색]과 [채우기] 색상을 각각 '하양'으로 지정해요.

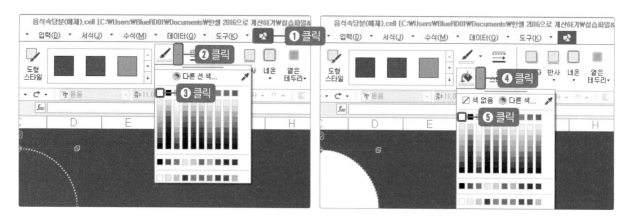

06 속성 지정이 완료된 '원' 도형을 선택하고 Ctrl + Shift +드래그하여 오른쪽으로 복사해요.

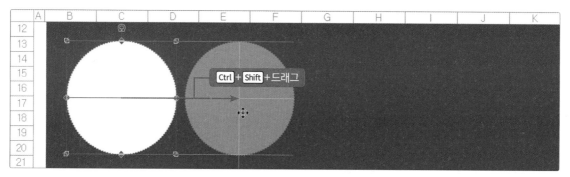

> 🔆 도형을 드래그 하는 경우 Ctrl 은 복사할 때, Shift 는 수직/수평으로 이동할 때 이용해요. Ctrl + Shift 를 함께 누르면 수직/수평으로 복사할 수 있어요.

07 나머지 도형도 복사한 다음 오른쪽에 있는 음식 이미지들을 원 안에 배치하여 문서를 완성해요.

> 🔆 그림을 배치하기 전에 그림 위에서 마우스 오른쪽 버튼을 눌러 [맨 앞으로]-[맨 앞으로]를 클릭해요.

수학 1-1 ▸ 덧셈과 뺄셈

1 '수학문제(예제).cell' 파일을 실행하여 작성 조건에 따라 문서를 완성하고 저장해 보세요.

• 실습파일 : 수학문제(예제).cell, 이미지 파일(숫자1~숫자3, 아이콘)   • 완성파일 : 수학문제(완성).cell

수학 문제 풀어보기

20	➕	23	＝	
15	➕		＝	42
56	➖	17	＝	
42	➖		＝	13

 작성
조건

• 워드숍 삽입 : '채우기 – 강조 1(그러데이션), 윤곽 – 밝은 색 1', 글꼴 '경기천년제목 Medium',
　글자 크기 '30pt', 변환 '갈매기형 수장'
• '모서리가 둥근 직사각형' 도형 : Ctrl 과 Shift 를 이용하여 도형 복사
　– 복사한 도형 중 일부 도형 스타일 변경 : '테두리– 강조 6, 채우기 – 본문/배경 밝은 색 1'
　– 도형에 입력된 텍스트 수정 및 삭제
• '덧셈 기호, 뺄셈 기호, 등호' 도형 삽입 : 채우기 '빨강(RGB:255,0,0)', 선 모양 '선 없음'

08
액티비티

가로/세로 영어 낱말 퀴즈

한셀의 기본을 잘 배워보았나요? 어려워 보이지만 하나씩 따라해 보면 한셀도 재미있는 프로그램이랍니다. 오늘은 잠시 쉬어가는 시간을 가져볼게요! 한글로 제시된 단어를 영어로 바꿔보세요. 셀 안에 알파벳을 입력하면 정답인지, 오답인지 바로바로 확인할 수 있답니다. 한셀도 배우고, 영어 공부도 하는 일석이조의 시간! 함께 즐겨 봐요.

실습파일 : 영어낱말퀴즈(예제).cell	완성파일 : 영어낱말퀴즈(완성).cell

이리보기

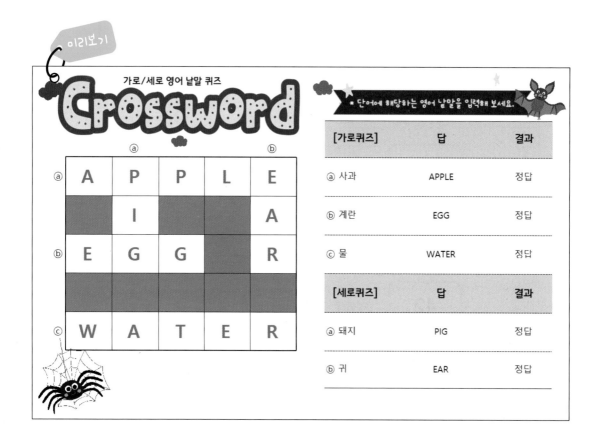

가로/세로 영어 낱말 퀴즈

Crossword

*단어에 해당하는 영어 낱말을 입력해 보세요.

[가로퀴즈]	답	결과
ⓐ 사과	APPLE	정답
ⓑ 계란	EGG	정답
ⓒ 물	WATER	정답

[세로퀴즈]	답	결과
ⓐ 돼지	PIG	정답
ⓑ 귀	EAR	정답

놀이 인원

❉ 개인전

놀이 시간

❉ 10분

놀이 방법

❶ 각각의 셀을 연결해 글자를 입력하면 답에 자동으로 표시되도록 설정해요.
❷ 가로/세로 퀴즈의 정답을 하나씩 입력해요.
❸ 문제를 다 풀고 나서 정답의 개수를 확인해요.
❹ 친구들과 문제의 정답을 찾아보세요.

1 셀 서식 지정하기

01 '영어낱말퀴즈(예제).cell' 파일을 실행하고, 셀 테두리를 지정하기 위해 **[C3:G7]** 셀을 블록 지정한 후 서식 도구 상자에서 **[테두리]-[바깥쪽(두꺼운 선)(▢)]**을 클릭해요.

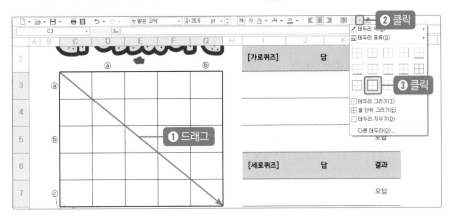

02 정답이 입력되지 않을 셀에 채우기 색을 지정하기 위해 **Ctrl**을 이용하여 **[C4], [E4:F4], [F5], [C6:G6]** 셀을 블록 지정하고 서식 도구 상자에서 **[채우기]** 색상을 변경해 보세요.

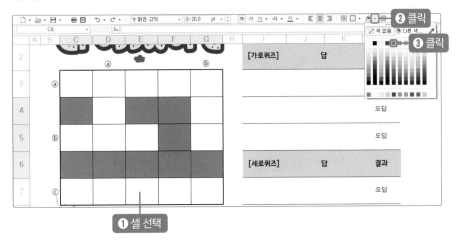

2 문자표 넣고 텍스트 입력하기

01 **[I3]** 셀을 선택하고 한글의 자음 "ㅇ"을 입력한 후 **한자**를 눌러요. [특수 문자로 바꾸기] 창이 나타나면 '특수 문자 목록'에서 '@'를 선택해요. 특수 문자 입력 후 **Space Bar**로 한 칸 띄운 후 **"사과"** 텍스트를 입력해요.

02 같은 방법으로 [I4], [I5], [I7], [I8] 셀에도 문자표를 넣고 텍스트를 입력해요.

- [I4] 셀 : ⓑ 계란
- [I5] 셀 : ⓒ 물
- [I7] 셀 : ⓐ 돼지
- [I8] 셀 : ⓑ 귀

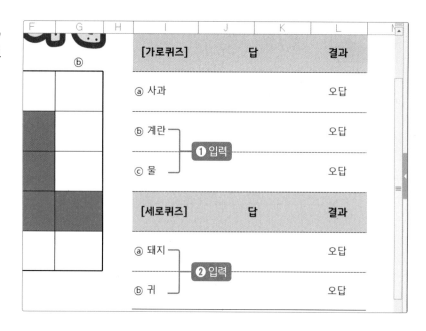

3 문자 연결하기

01 각 셀에 문자를 연결하기 위해 다음과 같이 영문 대문자로 각 셀에 알파벳을 입력해요.

💡 어떤 문자를 입력해도 관계없어요.

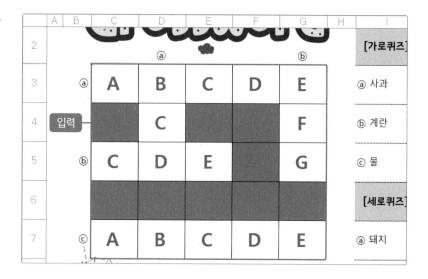

02 입력된 문자를 연결하기 위해 [J3] 셀을 선택하고 =C3&D3&E3& F3&G3을 입력한 후 Enter를 눌러요. 각 셀에 한 단어씩 입력한 부분이 하나의 단어로 연결된 것을 확인해요.

💡 "="을 입력하고 [C3] 셀을 클릭한 후 "&"을 입력하는 방식으로 빠르게 완성할 수 있어요.

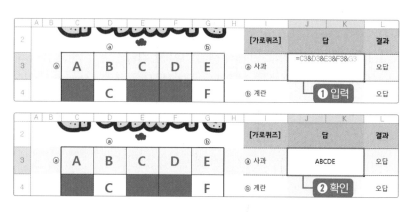

03 같은 방법으로 [J4], [J5], [J7], [J8] 셀에도 단어를 연결해보세요. 빈 셀을 연결해도 되지만 문자를 넣고 정상적으로 작동하는지 확인해 보는 것이 좋아요.

- [J4] 셀 : =C5&D5&E5
- [J5] 셀 : =C7&D7&E7&F7&G7
- [J7] 셀 : =D3&D4&D5
- [J8] 셀 : =G3&G4&G5

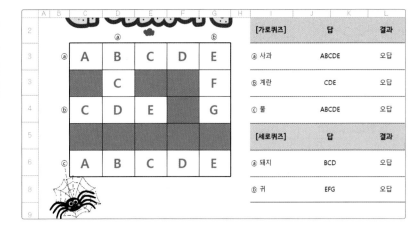

04 단어 연결이 모두 끝나면 셀 안에 입력했던 알파벳을 모두 지워요. 자동으로 답 입력 창의 텍스트도 지워지는 것을 확인해요.

05 이제, 친구들과 함께 가로, 세로 퀴즈 정답을 입력하면서 문제를 풀어보세요.

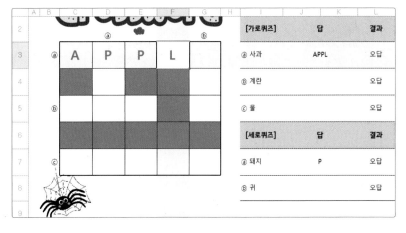

06 입력한 답이 맞으면 결과에 '**정답**'이 표시되고, 틀리면 '**오답**'이 표시돼요. 다양한 영어 퀴즈를 만들어도 좋아요.

07 가로/세로 낱말 퀴즈의 **정답은 완성 파일의 [정답] 시트**에서 확인할 수 있어요.

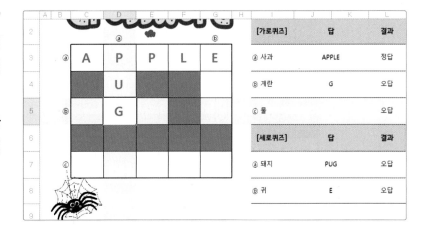

09 표시 형식으로 체육대회 일정표 만들기

학습목표

- 셀에 표시 형식을 지정하여 통일성 있는 문서를 완성할 수 있습니다.
- 모양 복사 기능을 활용하여 서식 지정을 빠르게 할 수 있습니다.

표시 형식 셀 안에 숫자만 입력되어 있으면 그 숫자가 어떤 것을 의미하는지 헷갈릴 수 있어요.
이때 표시 형식을 지정하면 쉽게 알아볼 수 있어요.

실습파일 : 체육대회(예제).cell   완성파일 : 체육대회(완성).cell

미리보기

순번	시간	종목	종목 구분	대결팀	팀별 참석인원
1	오전 9:30		예선전	1반-3반	2명
2	오전 10:00	큰 공 굴리기	예선전	2반-4반	2명
3	오전 10:30		결승전	예선전 승리팀	2명
4	오전 11:00	계주	결승전	모두	4명
5	오후 12:00	점심 및 휴식			
6	오후 1:00		예선전	1반-4반	4명
7	오후 1:30	다트	예선전	2반-3반	4명
8	오후 2:00		결승전	예선전 승리팀	4명
9	오후 2:30	휴식			
10	오후 3:00		예선전	1반-2반	20명
11	오후 3:10	줄다리기	예선전	3반-4반	20명
12	오후 3:40		결승전	예선전 승리팀	20명

1 서식 지정하기

01 '**체육대회(예제).cell**' 파일을 실행해요. 셀 전체의 글꼴과 맞춤을 지정하기 위해 **[B3:G15]** 셀을 블록 지정하고 서식 도구 상자에서 글꼴과 정렬을 지정해요.

- ❷ 경기천년제목 Light ❸ 가운데 정렬

순번	시간	종목	종목 구분	대결팀	팀별 참석인원
1	9:30	큰 공 굴리기	예선	1반-3반	2
2	10:00		예선	2반-4반	2
3	10:30		결승	예선전 승리팀	2
4	11:00	계주	결승	모두	4
5	12:00	점심 및 휴식			
6	13:00	다트	예선	1반-4반	4
7	13:30		예선	2반-3반	4
8	14:00		결승	예선전 승리팀	4
9	14:30	휴식			
10	15:00	줄다리기	예선	1반-2반	20
11	15:10		예선	3반-4반	20
12	15:40		결승	예선전 승리팀	20

02 **제목 행([B3:G3])**을 블록 지정하고 서식 도구 상자에서 '**진하게**'를 선택한 다음 **글자 색**과 **채우기**를 원하는 색상으로 지정해요.

순번	시간	종목	종목 구분	대결팀	팀별 참석인원
1	9:30	큰 공 굴리기	예선	1반-3반	2
2	10:00		예선	2반-4반	2
3	10:30		결승	예선전 승리팀	2
4	11:00	계주	결승	모두	4
5	12:00	점심 및 휴식			
6	13:00	다트	예선	1반-4반	4
7	13:30		예선	2반-3반	4

03 오른쪽 그림을 참고하여 **[병합하고 가운데 맞춤(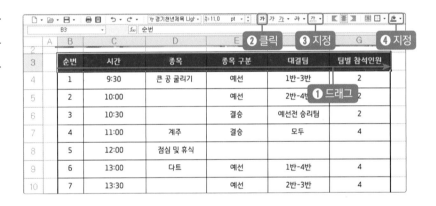)]**을 지정해요.

순번	시간	종목	종목 구분	대결팀	팀별 참석인원
1	9:30	큰 공 굴리기	예선	1반-3반	2
2	10:00		예선	2반-4반	2
3	10:30		결승	예선전 승리팀	2
4	11:00	계주	결승	모두	4
5	12:00	점심 및 휴식			
6	13:00	다트	예선	1반-4반	4
7	13:30		예선	2반-3반	4
8	14:00		결승	예선전 승리팀	4
9	14:30	휴식			
10	15:00	줄다리기	예선	1반-2반	20
11	15:10		예선	3반-4반	20
12	15:40		결승	예선전 승리팀	20

01 시간 항목에 오전, 오후 형식을 지정하기 위해 [C4:C15] 셀을 블록 지정하고 마우스 오른쪽 버튼을 눌러 바로 가기 메뉴에서 [셀 서식]을 선택해요. [셀 서식] 대화상자가 나타나면 [표시 형식] 탭의 '시간'에서 '오후 1:30'을 선택하고 <설정>을 클릭해요.

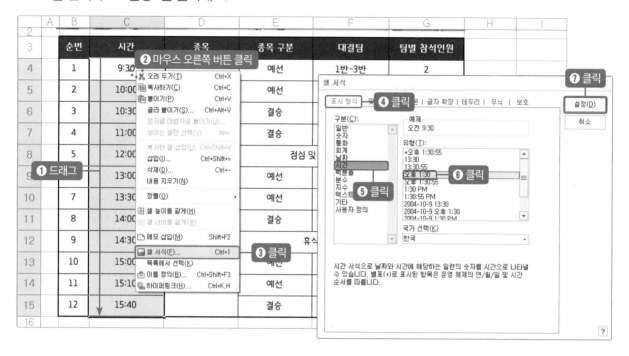

02 종목 구분 항목의 텍스트 뒤에 '전'을 추가하기 위해 Ctrl 을 이용하여 [E4:E7], [E9:E11], [E13:E15] 셀을 블록 지정하고 Ctrl + 1 을 눌러요. [셀 서식] 대화상자가 나타나면 [표시 형식] 탭의 '사용자 정의'에서 '유형'에 @"전"을 입력하고 <설정>을 클릭해요.

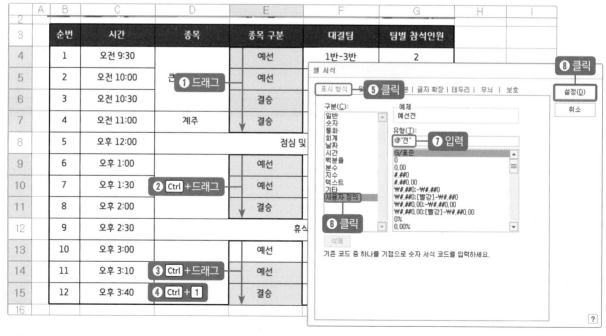

💡 '유형'에 'G/표준'이 입력되어 있는 것은 삭제하고 새로 입력하면 돼요.

03 같은 방법으로 팀별 참석인원 항목의 숫자 뒤에 **'명'**을 추가하기 위해 Ctrl을 이용하여 **[G4:G7], [G9:G11],**
[G13:G15] 셀을 블록 지정하고 Ctrl+1을 눌러요. [셀 서식] 대화상자가 나타나면 **[표시 형식]** 탭의 **'사용**
자 정의'에서 **'유형'**에 **#"명"**을 입력하고 <설정>을 클릭해요.

💡 표시 형식의 '0'과 '#'은 숫자를 나타내는 코드예요. 표시 형식을 '0"명"'으로 지정했을 때 숫자 입력 값이 '0'이면 "0명"으로 표시되고
'#"명"'으로 지정했을 때 숫자 입력 값이 '0'이면 "명"으로 표시돼요.

③ 모양 복사 기능으로 서식 복사하기

01 서식을 지정하기 위해 [B8:G8] 셀을 블록 지정하고 서식 도구 상자에서 '진하게'를 선택한 다음 글자 색, 채우
기 색을 바꿔보세요.

02 [B8:G8] 셀이 블록 지정되어 있는 상태에서 서식을 복사하기 위해 **[편집] 탭-[모양 복사(📝)]**를 클릭해요. 마우스 포인터의 모양이 '🖊'로 바뀌면 **[B12:G12]** 셀을 드래그하여 8행에 지정된 서식을 12행에 그대로 복사해요.

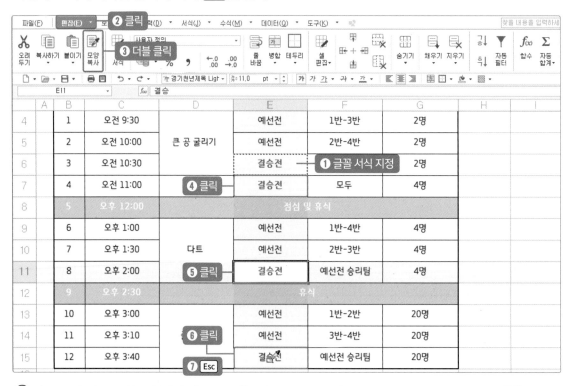

03 [E6] 셀을 선택하고 서식 도구 상자에서 진하게, 글자 색(빨강)을 지정한 후 **[편집] 탭-[모양 복사(📝)]**를 더블 클릭해요. 마우스 포인터의 모양이 '🖊'로 바뀌면 **[E7], [E11], [E15]** 셀을 차례로 클릭하여 서식을 지정하고 서식 복사를 끝내기 위해 Esc 를 눌러요.

같은 서식을 여러 곳에 복사할 때에는 [서식 복사]를 더블 클릭하고 적용할 대상 셀들을 선택하여 모양 복사 후 Esc 를 눌러 종료해요.

04 [E15] 셀을 선택하고 서식 도구 상자에서 **[테두리]-[아래 두꺼운 선(▭)]**을 클릭해요.

혼자서 뚝딱뚝딱

1 '시내버스 요금표(예제).cell' 파일을 실행하여 내용을 입력하고 작성 조건에 따라 문서를 완성해 보세요.

· 실습파일 : 시내버스 요금표(예제).cell　　· 완성파일 : 시내버스 요금표(완성).cell

종류	구분	현금	교통카드
		경기도 시내버스 요금표	
도시형	어른	₩ 1,300	₩ 1,250
도시형	청소년	₩ 900	₩ 870
도시형	어린이	₩ 700	₩ 630
일반좌석	어른	₩ 2,100	₩ 2,050
일반좌석	청소년	₩ 1,600	₩ 1,520
일반좌석	어린이	₩ 1,400	₩ 1,370
비고	어른(만 19세 이상) 청소년(만 13세 ~ 18세) 어린이(만 7세 ~ 12세)		

 작성조건

· 텍스트 입력
· [D5:E10] : [회계] 표시 형식 지정
· [C7:E7] : '채우기'와 '글자 색'을 원하는 색상으로 변경
· [C7:E7] 셀을 모양 복사한 후 [C10:E10] 셀에 서식 적용

 힌트

[C11] 셀의 내용은 Alt + Enter 이용하여 3줄로 입력할 수 있어요.

 사회 3-1 ▶ 우리가 알아보는 고장 이야기

2 '제주도 관광지(예제).cell' 파일을 실행하여 내용을 입력하고 작성 조건에 따라 문서를 완성해 보세요.

· 실습파일 : 제주도 관광지(예제).cell　　· 완성파일 : 제주도 관광지(완성).cell

관광지	주소	성인	청소년/군경	어린이
	제주 유명 관광지 소개			
천지연폭포	제주 서귀포시 천지동	2,000원	1,000원	1,000원
정방폭포	제주 서귀포시 동홍동	2,000원	1,000원	1,000원
천제연폭포	제주 서귀포시 천제연로 132	2,500원	1,370원	1,370원
갯깍주상절리대	제주 서귀포시 색달동	2,000원	1,000원	1,000원
절물	제주 제주시 외도1동	1,000원	600원	300원
만장굴	제주 제주시 구좌읍 만장굴길 182	2,000원	1,000원	1,000원
메모	* 대한민국에서 가장 큰 섬 * 유인도 8개, 무인도 55개로 구성 * 제주시 / 서귀포시로 구분			

작성조건

· 텍스트 입력
· [D5:F10] : [사용자 정의]-[#,##0"원"] 표시 형식 지정
· [D7] : 글꼴 서식과 채우기 서식을 원하는 대로 변경한 다음 모양 복사 후 [F7], [E10] 셀에 적용
· [E6] : 글꼴 서식과 채우기 서식을 원하는 대로 변경한 다음 모양 복사 후 [F9] 셀에 적용

10 수식으로 용돈 기입장 만들기

학습목표

- 수식을 이용하여 금액 계산을 할 수 있습니다.
- 표시 형식 기능을 활용할 수 있습니다.

✿ 수식 여러 셀에 입력된 숫자를 더하거나 빼고, 곱하거나 나누어야 하는 경우가 생길 수 있어요.
이때 한셀의 수식 기능을 이용하면 직접 계산하는 것보다 빠르게 계산할 수 있어요.

실습파일 : 용돈기입장(예제).cell   완성파일 : 용돈기입장(완성).cell

미리보기

용돈기입장
Cash book

♥ 이 름 ....
♥ 전화번호 ....
♥ 쓰기 시작한 날 ....

	날짜	내용	금액
	1/1	용돈	20,000
	1/3	용돈(할머니)	10,000
들어온돈	1/10	용돈	20,000
	1/20	세뱃돈	65,000
	1/30	용돈	20,000
합계			135,000

	날짜	내용	금액
	1/2	문구	2,500
		아이스크림	1,000
		과자	1,000
나간돈	1/15	분식집	10,000
	1/17	문구	30,000
	1/25	분식집	5,000
		저금	65,000
합계			114,500

남은돈	
	20,500

1 데이터 입력하고 서식 지정하기

01 '**용돈기입장(예제).cell**' 파일을 실행하고 다음과 같이 데이터를 입력해요.

	날짜	내용	금액			날짜	내용	금액
들어온돈	01-01	용돈	20000		나간돈	01-02	문구	2500
	01-03	용돈(할머니)	10000				아이스크림	1000
	01-10	용돈	20000				과자	1000
	01-20	세뱃돈	65000			01-15	분식집	10000
	01-30	용돈	20000			01-17	문구	30000
						01-25	분식집	5000
							저금	65000
합계					합계			
남은돈								

> 🔆 날짜는 "1-1" 형태로 입력하면 자동으로 "01-01"로 표시될 거예요.

02 [B12:J23] 셀을 블록 지정한 후 서식 도구 상자에서 글꼴(경기천년바탕 Bold)을 지정해요.

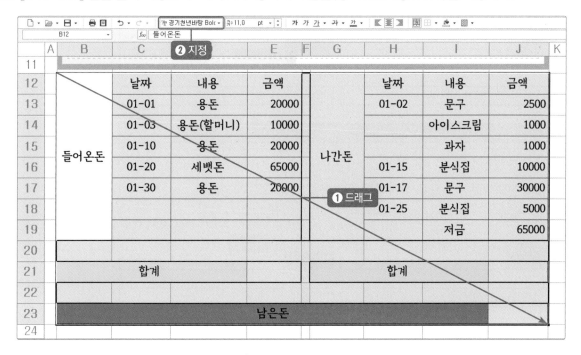

03 [B12], [C12:E12] 셀을 블록 지정하고 서식 도구 상자에서 '글자 색'과 '채우기'를 원하는대로 지정해요.

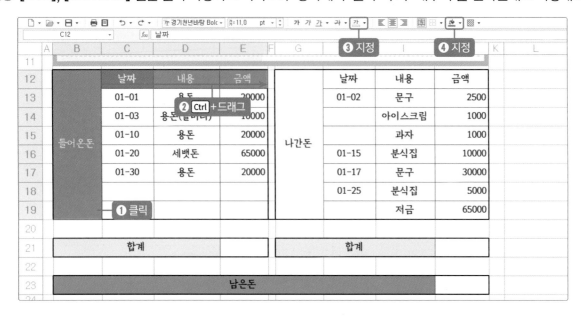

04 같은 방법으로 [G12], [H12:J12] 셀에도 색상을 지정해보세요.

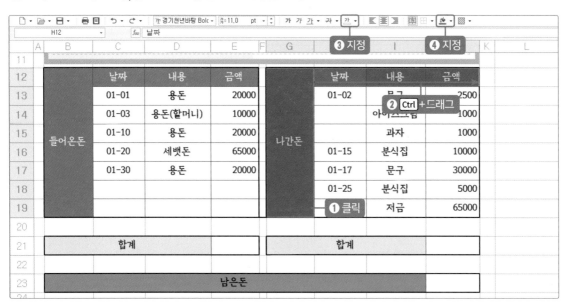

05 [B23] 셀을 선택하고 서식 도구 상자에서 글자 색을 '하양'으로 지정해요.

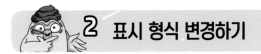

2 표시 형식 변경하기

01 표시 형식을 지정하기 위해 [Ctrl]을 이용하여 **[C13:C17], [H13], [H16:H18]** 셀을 블록 지정하고 [Ctrl]+[1]
을 눌러요. [셀 서식] 대화상자가 나타나면 **[표시 형식]** 탭의 '**날짜**'에서 '**10/9**'를 선택하고 <설정>을 클릭해요.

02 금액에 **천 단위 구분 기호**를 표시하기 위해 [Ctrl]을 이용하여 **[E13:E17], [J13:J19]** 셀을 블록 지정하고
[편집] 탭-[쉼표 스타일(,)]을 클릭해요.

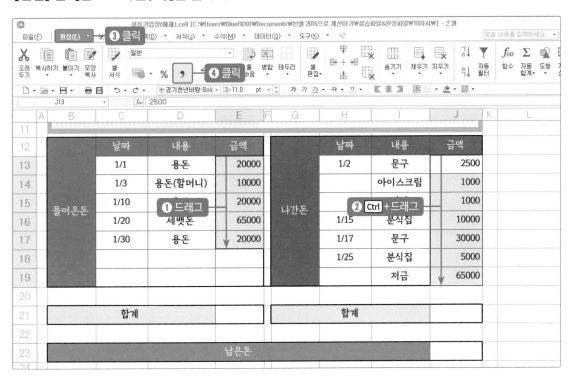

③ 수식으로 합계 계산하기

01 '들어온돈'의 합계를 계산하기 위해 **[E21]** 셀을 선택하고 **=E13+E14+E15+E16+E17**을 입력한 후 Enter 를 눌러요.

	날짜	내용	금액			날짜	내용	금액
	1/1	용돈	20,000			1/2	문구	2,500
	1/3	용돈(할머니)	10,000				아이스크림	1,000
들어온돈	1/10	용돈	20,000		나간돈		과자	1,000
	1/20	세뱃돈	65,000			1/15	분식집	10,000
	1/30	용돈	20,000			1/17	문구	30,000
						1/25	분식집	5,000
							저금	65,000
합계			=E13+E14+E15+E16+E17					

입력 후 Enter

02 같은 방법으로 '나간돈'의 합계를 계산하기 위해 **[J21]** 셀을 선택하고 **=J13+J14+J15+J16+J17+J18+J19** 를 입력한 후 Enter 를 눌러요.

	날짜	내용	금액			날짜	내용	금액
	1/1	용돈	20,000			1/2	문구	2,500
	1/3	용돈(할머니)	10,000				아이스크림	1,000
들어온돈	1/10	용돈	20,000		나간돈		과자	1,000
	1/20	세뱃돈	65,000			1/15	분식집	10,000
	1/30	용돈	20,000			1/17	문구	30,000
						1/25	분식집	5,000
							저금	65,000
합계			135,000		합계			=J13+J14+J15+J16+J17+J18+J19

입력 후 Enter

03 이번엔 '남은돈'을 계산하기 위해 **[J23]** 셀을 선택하고 **=E21-J21**을 입력한 후 Enter 를 눌러요. 들어온 돈의 합계에서 나간 돈의 합계를 뺀 결과 값이 표시돼요.

			E		G	H	I	J
							저금	65,000
합계			135,000		합계			114,500
남은돈								20,500

'=E21-J21' 입력 후 Enter

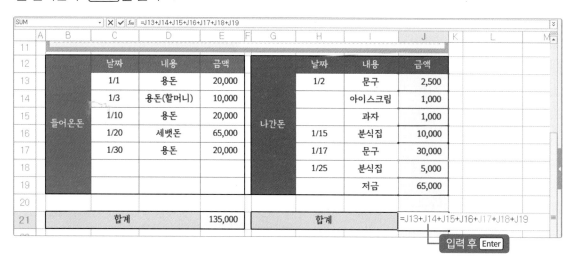

1 '나의 운동 기록(예제).cell' 파일을 실행하고 작성 조건에 따라 문서를 완성해 보세요.

· **실습파일** : 나의 운동 기록(예제).cell   · **완성파일** : 나의 운동 기록(완성).cell

일주일 동안 나의 운동 기록하기

종목 : 달리기

1주	1일차	2일차	3일차	4일차	5일차	합계
	10분	15분	20분	22분	20분	87분

2주	1일차	2일차	3일차	4일차	5일차	합계
	11분	15분	12분	10분	14분	62분

1주와 2주의 합계		1일 평균	
149분		15분	

· [C4:G4], [C6:G6] 셀 : 숫자만 입력 → [표시 형식]-[사용자 정의]-"#분"
· [H4], [H6] 셀 : 1일차~5일차의 합계 구하기
· [B9] 셀 : [H4] 셀과 [H6] 셀의 합계 구하기
· [E9] 셀 : [B9] 셀의 값을 10으로 나누기

📖 **가을 1-2** ▶ 동네 한 바퀴

2 '마트지출내역(예제).cell' 파일을 실행하고 작성 조건에 따라 문서를 완성해 보세요.

· **실습파일** : 마트지출내역(예제).cell   · **완성파일** : 마트지출내역(완성).cell

품목	단가		수량	가격	
사과	₩	500	5	₩	2,500
음료수	₩	450	8	₩	3,600
대파	₩	2,000	2	₩	4,000
냉동만두	₩	6,500	1	₩	6,500
과자	₩	800	4	₩	3,200
라면	₩	3,200	2	₩	6,400
합계				₩	26,200

· [E4] 셀 : '단가' * '수량'
· [E4] 셀의 계산 결과를 채우기 핸들을 이용하여
  [E9] 셀까지 채우기
· [C4:C9], [E4:E10] : [셀 서식]-[표시 형식]-
  [회계]
· [E10] 셀 : 가격이 입력된 셀들의 합계 구하기

11

학습목표

조건부 서식으로 스마트폰 사용시간 조사표 만들기

• 도형을 활용하여 제목을 꾸밀 수 있습니다.
• 조건부 서식으로 조건을 만족하는 데이터를 꾸밀 수 있습니다.

❋ 조건부 서식   문서에 많은 데이터가 입력되어 있을 때 기준에 맞는 데이터에만 서식을 지정하여 쉽게 알아볼 수 있도록 하기 위해서는 조건부 서식을 이용하면 돼요.

실습파일 : 스마트폰 사용시간(예제).cell   완성파일 : 스마트폰 사용시간(완성).cell

미리보기

우리반 스마트폰 사용 시간

(단위:분)

구분	인터넷 검색	웹툰	음악 듣기	게임하기	SNS	1일 총 사용 시간
오하랑	30	15	● 30	→ 20	10	105
최천웅	40	11	▲ 20	↓ 0	30	101
민승현	5	20	◆ 0	↑ 50	10	85
전유주	20	30	▲ 25	→ 20	20	115
이다재	40	30	◆ 0	↘ 10	30	110
이승호	30	20	▲ 20	↘ 10	10	90
김재환	40	15	● 40	→ 20	10	125
평균값	29.3	20.1	19.3	18.6	17.1	✕
최댓값	40	30	40	50	30	
최솟값	5	11	0	0	10	

1 도형 삽입하고 제목 입력하기

01 '스마트폰 사용시간(예제).cell' 파일을 실행하고 제목을 입력하기 위해 [입력] 탭에서 [도형] 꾸러미의 자세히 버튼(↓)을 클릭해요. [사각형]-[대각선 방향의 모서리가 잘린 사각형(▢)]을 선택하고 [B1:H1] 셀에 드래그 해요.

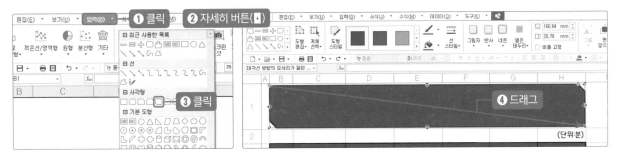

02 삽입한 도형을 선택하고 [도형] 탭에서 [도형 스타일] 꾸러미의 자세히 버튼(↓)을 클릭하여 [보통 효과 – 강조 1]을 지정해요.

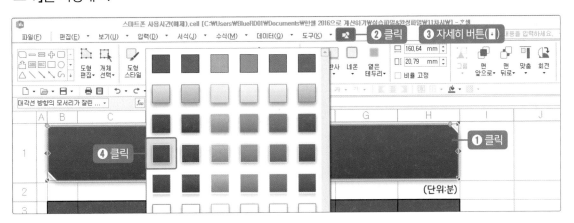

03 도형이 선택된 상태에서 제목을 입력한 후 [서식] 탭을 클릭하여 글꼴, 글자 크기, 정렬을 지정해요.

• ❹ 경기천년제목V Bold ❺ 25pt ❻ 가운데 정렬 ❼ 가운데 맞춤

② 데이터 입력하고 조건부 서식 지정하기

01 빈 셀에 다음과 같이 데이터를 입력해요. 데이터를 입력하면 자동으로 1일 총 사용 시간, 평균값, 최댓값, 최솟 값이 계산될 거예요.

	A	B	인터넷 검색 (C)	웹툰 (D)	음악 듣기 (E)	게임하기 (F)	SNS (G)	1일 총 사용 시간 (H)	I
2								(단위:분)	
3-4		구분	인터넷 검색	웹툰	음악 듣기	게임하기	SNS	1일 총 사용 시간	
5		오하랑	30	15	30	20	10	105	
6		최천웅	40	11	20	0	30	101	
7		민승현	5	20	0	50	10	85	
8		전유주	20	30	25	20	20	115	
9		이다재	40	30	0	10	30	110	
10		이승호	30	20	20	10	10	90	
11		김재환	40	15	40	20	10	125	
12		평균값	29.3	20.1	19.3	18.6	17.1		
13		최댓값	40	30	40	50	30		
14		최솟값	5	11	0	0	10		

💡 [H3] 셀은 "1일 총"을 입력하고 Alt + Enter 를 누른 후 "사용 시간"을 입력해요.

02 조건부 서식을 지정하기 위해 [C5:C11] 셀을 블록 지정하고 [서식] 탭-[조건부 서식( )]-[데이터 막 대]-[그라데이션 채우기]-[그라데이션 채우기 5]를 클릭해요.

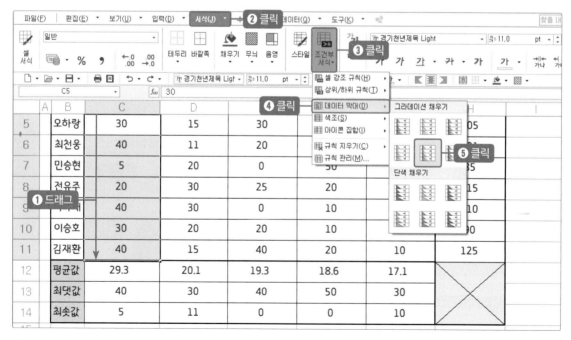

💡 가장 큰 값을 100으로 하여 나머지 값이 막대로 구분되어 표시돼요.

64

03 같은 방법으로 [D5:D11] 셀을 블록 지정하고 [서식] 탭-[조건부 서식(▦)]-[색조]-[색조 2]를 클릭해요.

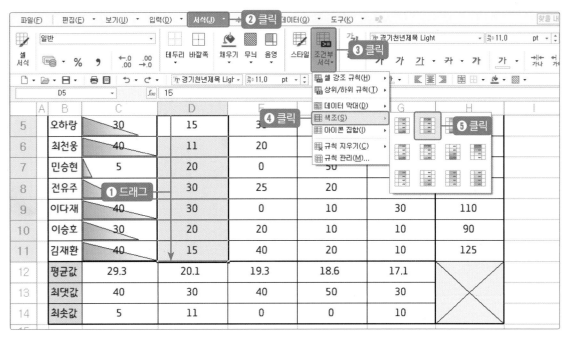

💡 셀 범위에 입력된 데이터 크기에 따라 큰 값은 빨강, 중간 값은 노랑, 작은 값은 녹색 계열로 셀을 표시해요.

04 [E5:E11] 셀을 블록 지정 후 [조건부 서식(▦)]-[아이콘 집합]-[도형]-[도형 3]을 선택하고, [F5:F11] 셀에는 [방향]-[방향 7]을 지정해요.

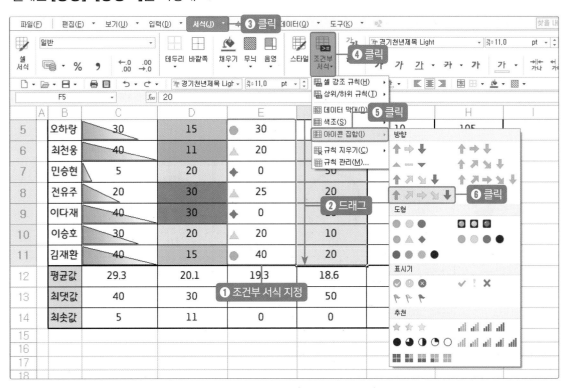

💡 셀 범위에 입력된 데이터 크기에 따라 아이콘으로 구분하여 표시하는 기능이에요.

05 이번엔 새로운 규칙을 만들기 위해 **[G5:G11]** 셀을 블록 지정하고 **[서식] 탭-[조건부 서식]-[셀 강조 규칙]-[보다 큼]**을 클릭해요.

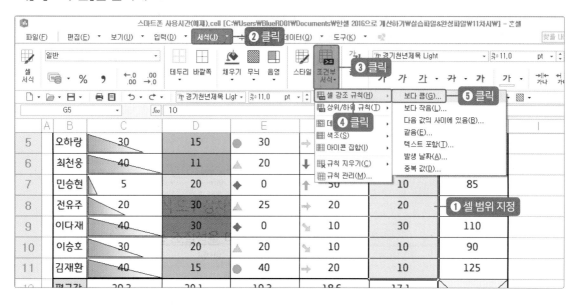

06 [보다 큼] 대화상자가 나타나면 '다음 값보다 큰 셀의 서식 지정'에 **"15"**를 입력하고 '적용할 서식'에 **'진한 빨강 텍스트가 있는 연한 빨강 채우기'**를 선택한 후 <확인>을 클릭해요.

07 15보다 큰 값이 있는 셀만 채우기 색과 글자 색이 바뀐 것을 확인해요.

구분	인터넷 검색	웹툰	음악 듣기	게임하기	SNS	1일 총 사용 시간
오하랑	30	15	● 30	⇒ 20	10	105
최천웅	40	11	▲ 20	↓ 0	30	101
민승현	5	20	◆ 0	↑ 50	10	85
전유주	20	30	▲ 25	⇒ 20	20	115
이다재	40	30	◆ 0	↘ 10	30	110
이승호	30	20	▲ 20	↘ 10	10	90
김재환	40	15	● 40	⇒ 20	10	125
평균값	29.3	20.1	19.3	18.6	17.1	
최댓값	40	30	40	50	30	
최솟값	5	11	0	0	10	

1 '건강체력키우기(예제).cell' 파일을 실행하고 작성 조건에 따라 문서를 완성해 보세요.

· 실습파일 : 건강체력키우기(예제).cell　　· 완성파일 : 건강체력키우기(완성).cell

	이름	50M 달리기(초)	앉아 윗몸 앞으로 굽히기(cm)	체지방 검사(%)
		건강 체력 키우기		
김민서	9.10	32		10
유현욱	10.30	25		25
김가인	9.20	5		10
손슬하	8.90	40		6
김준서	11.10	12		9
박예린	9.50	29		17
임종욱	11.30	19		13
평균	9.91	23.14		12.86

- 제목 도형 작성([B1:E1])
  - 도형 삽입 : 양쪽 모서리가 둥근 사각형
  - 채우기 : 노랑(RGB:255,255,0)
  - 선 : 선 색 '본문/배경 – 밝은 색 1 하양(RGB:255,255,255) 20% 어둡게', 선 굵기 '3pt'
  - 텍스트 입력 : 글꼴 'HY견고딕', 글자 크기 '24pt', 글자 색 '검정', 가운데 정렬, 가운데 맞춤
- 조건부 서식
  - [C4:C10] 셀 : [색조]-[색조 9]
  - [D4:D10] 셀 : [데이터 막대]-[그라데이션 채우기]-[그라데이션 채우기 3]
  - [E4:E10] 셀 : [아이콘 집합]-[추천]-[추천 5]

12

학습목표

#선 삽입 #도형 복사 #개체 맞춤

맞춤 기능을 활용하여 조직도 완성하기

- 자유롭게 도형을 복사할 수 있습니다.
- 맞춤 기능을 이용해 개체의 간격을 일정하게 조절할 수 있습니다.
- 선을 삽입하여 서식을 변경할 수 있습니다.

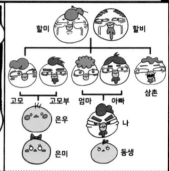

✿ 맞춤　　글자를 정렬하는 것처럼 한셀 프로그램의 맞춤 기능을 이용하면 배치된 개체(도형, 그림 등)들의 간격을 원하는 방식대로 일정하게 조절할 수 있어요.

실습파일 : 마인드맵(예제).cell　　완성파일 : 마인드맵(완성).cell

미리보기

01 '**마인드맵(예제).cell**' 파일을 실행하고 Ctrl 키를 이용하여 아래 그림과 같이 도형을 복사해 보세요.

🔅 도형의 크기와 위치는 그림을 참고하여 조절해요.

02 내용을 변경한 다음 [**도형**] 탭에서 [**도형 스타일**] **꾸러미**의 자세히 버튼(⬇)을 클릭하여 원하는 스타일을 적용해요.

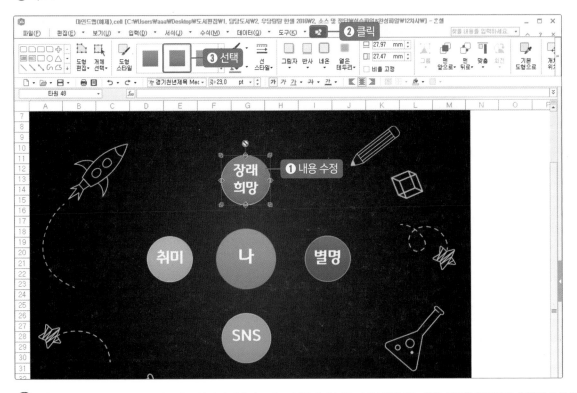

🔅 도형 크기에 비해 글꼴이 큰 경우에는 입력된 내용이 모두 표시될 수 없어요. 이런 경우에는 글꼴 크기도 적당하게 조절해 주세요.

2 도형을 정렬하기

01 Shift 를 이용하여 '취미', '나', '별명'이 입력된 도형을 각각 선택한 다음 [도형] 탭-[맞춤(▣)]-[중간 맞춤]과 [가로 간격을 동일하게]를 클릭해요.

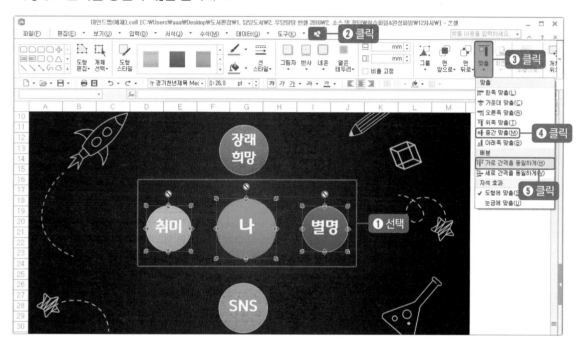

02 동일한 방법으로 '장래희망', '나', 'SNS'가 입력된 도형에 [가운데 맞춤]과 [세로 간격을 동일하게]를 적용해요.

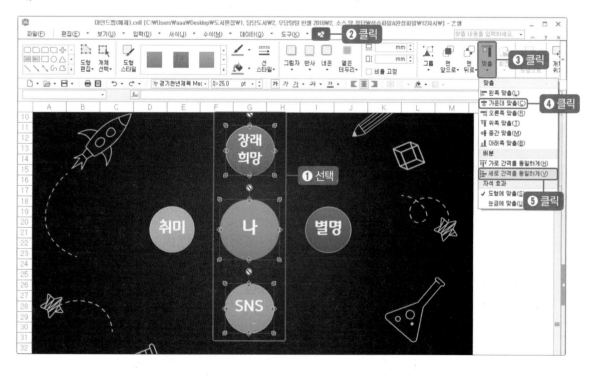

③ **선을 삽입하여 도형끼리 연결시키기**

01 [입력] 탭-[도형] 꾸러미의 자세히 버튼(▾)을 클릭하여 [선]-[선(＼)]을 선택해요.

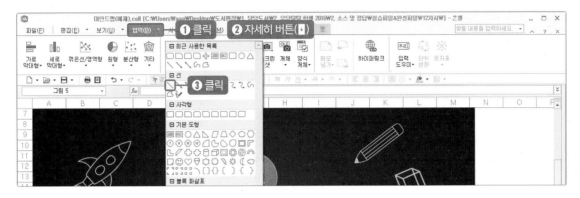

02 아래 과정을 참고하여 도형끼리 선을 연결해요.

💡 도형 주변에 나타난 빨간 점끼리 연결이 될 수 있도록 드래그 해보세요.

03 동일한 방법으로 나머지 도형에도 선을 연결해 보세요.

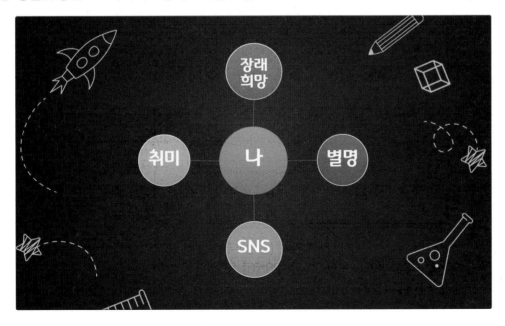

01 도형을 복사하고 내용을 입력한 다음 [선(＼)] 도형으로 연결시켜요.

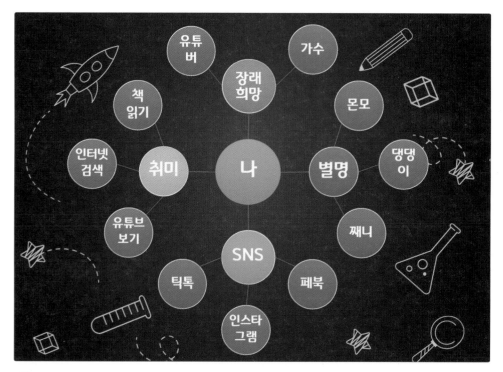

💡 나만의 이야기로 마인드맵의 내용을 꾸려보세요.

02 도형의 스타일을 변경하여 마인드맵을 완성해 보세요.

💡 내용이 입력된 도형을 이동시키면 연결된 '선' 도형도 함께 움직이게 돼요.

1 ‘생태계 먹이사슬(예제).cell’ 파일을 실행하고 작성 조건에 따라 문서를 완성해 보세요.

· 실습파일 : 생태계 먹이사슬(예제).cell, 이미지 파일(개구리, 매, 메뚜기, 벼)　　· 완성파일 : 생태계 먹이사슬(완성).cell

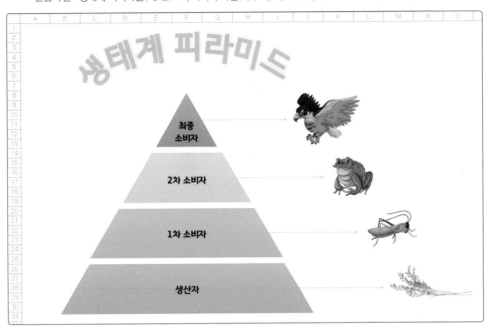

· 도형 맞춤
　– Shift 를 누른 채 삽입되어 있는 4개의 도형(삼각형, 사다리꼴)을 모두 선택
　– [도형] 탭-[맞춤 🔲] → [가운데 맞춤]과 [세로 간격을 동일하게] 지정
· 도형 스타일 지정
　– 각각의 도형에 원하는 스타일을 지정
· 선 도형 삽입
　– [입력] 탭-[도형] 꾸러미에서 [선]-[화살표(╲)]를 삽입
· 그림 삽입
　– ‘매.png’, ‘개구리.png’, ‘메뚜기.png’, ‘벼.png’ 그림을 각각 삽입
· 내용 입력 및 편집
　– 도형에 알맞은 텍스트 삽입
　– 자유롭게 글꼴 서식 변경
· 입력되어 있는 제목 워드숍의 위치 조절

HANCELL NEO(2016)

#표 #표 스타일 #행 삽입

13 표 기능으로 친구 조사표 만들기

학습목표

- 입력한 셀을 표로 변환할 수 있습니다.
- 만들어진 표의 채우기 색을 변경할 수 있습니다.
- 표에 행을 추가할 수 있습니다.

☆ 표 자료들이 정리되지 않고 뒤죽박죽 섞여 있으면 정신이 없겠죠? 자료를 표로 정리하면 깔끔하게 정리돼요. 한셀에서는 입력된 데이터를 바로 표로 변환할 수 있고, 다양한 표 스타일을 지정할 수도 있어요.

실습파일 : 친구알기(예제).cell **완성파일** : 친구알기(완성).cell

미리보기

내 친구에 대해 알아보기

이름	생일	혈액형	취미	좋아하는 음식	좋아하는 운동	좋아하는 유명인	장래희망
박서준	7월 8일	A형	야구	치킨	야구	대통령	선생님
김시우	7월 24일	B형	색칠하기	피자	배드민턴	방탄소년단	유튜버
민승현	1월 26일	A형	자동차게임	떡꼬치	축구	김재환	축구선수
이도윤	1월 25일	B형	피아노	떡볶이	피구	도티	의사
윤시연	8월 11일	A형	그림그리기	아이스크림	피구	펭수	선생님
박시윤	3월 9일	A형	그림그리기	분식	축구	아이유	가수
우지윤	5월 5일	AB형	게임	치킨	인라인	김연아	프로게이머
홍예은	6월 7일	B형	게임	햄버거	인라인	트와이스	변호사
이하준	12월 31일	O형	책읽기	짜장면	태권도	펭수	경찰
박지아	11월 3일	B형	색칠하기	파스타	배드민턴	펭수	요리사
김하윤	2월 15일	AB형	음악듣기	돈까스	축구	유재석	운동선수
최윤우	3월 2일	O형	공부	치킨	축구	임영웅	연예인
박건우	9월 9일	O형	책읽기	짜장면	야구	흔한남매	유튜버

1 데이터 입력하고 셀 서식 지정하기

01 '친구알기(예제).cell' 파일을 실행하고 [B8:I20] 셀에 다음과 같이 텍스트를 입력해요.

	이름	생일	혈액형	취미	좋아하는 음식	좋아하는 운동	좋아하는 유명인	장래희망
9	박서준	07-08	A	야구	치킨	야구	대통령	선생님
10	김시우	07-24	B	색칠하기	피자	배드민턴	방탄소년단	유튜버
11	이도윤	01-25	B	피아노	떡볶이	피구	도티	의사
12	윤시연	08-11	A	그림그리기	아이스크림	피구	펭수	선생님
13	박시윤	03-09	A	그림그리기	분식	축구	아이유	가수
14	우지윤	05-05	AB	게임	치킨	인라인	김연아	프로게이머
15	홍예은	06-07	B	게임	햄버거	인라인	트와이스	변호사
16	이하준	12-31	O	책읽기	짜장면	태권도	펭수	경찰
17	박지아	11-03	B	색칠하기	파스타	배드민턴	펭수	요리사
18	김하윤	02-15	AB	음악듣기	돈까스	축구	유재석	운동선수
19	최윤우	03-02	O	공부	치킨	축구	임영웅	연예인
20	박건우	09-09	O	책읽기	짜장면	야구	흔한남매	유튜버

02 생일에 표시 형식을 지정하기 위해 [C9:C20] 셀을 블록 지정하고 Ctrl + 1 을 눌러요. [셀 서식] 대화상자가 나타나면 [표시 형식] 탭의 '날짜'에서 '10월 9일'을 선택하고 <설정>을 클릭해요.

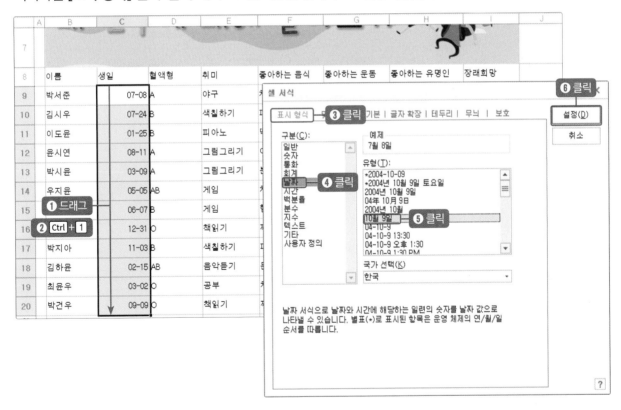

03 혈액형 뒤에 '형'을 추가하기 위해 **[D9:D20]** 셀을 블록 지정하고 [Ctrl]+[1]을 눌러요. [셀 서식] 대화상자가 나타나면 **[표시 형식] 탭**의 **'사용자 정의'**에서 **'유형'**에 **@"형"**을 입력하고 <설정>을 클릭해요.

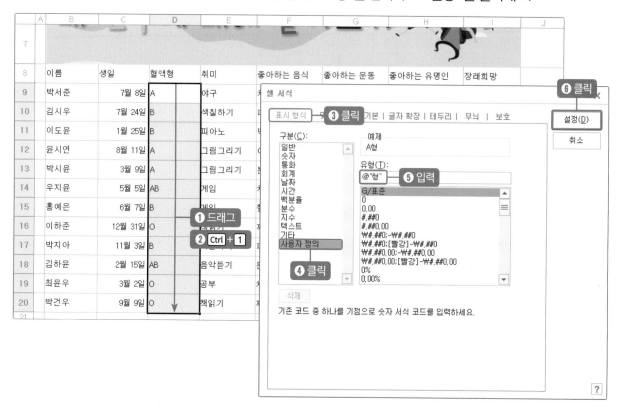

04 **[B8:I20]** 셀을 블록 지정하고 서식 도구 상자에서 **[가운데 정렬(≡)]**을 클릭해요.

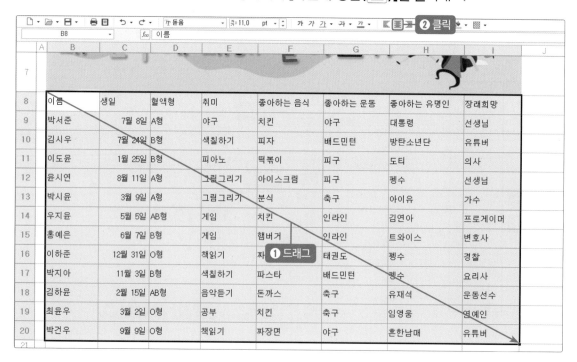

2 입력된 데이터를 표로 변환하기

01 **[B8:I20]** 셀이 블록 지정된 상태에서 **[데이터] 탭-[표(▦)]**를 선택해요. [표 만들기] 대화상자가 나타나면 블록 지정된 범위가 표시되는 것을 확인하고 **'머리글 포함'에 체크**한 후 <확인>을 클릭해요.

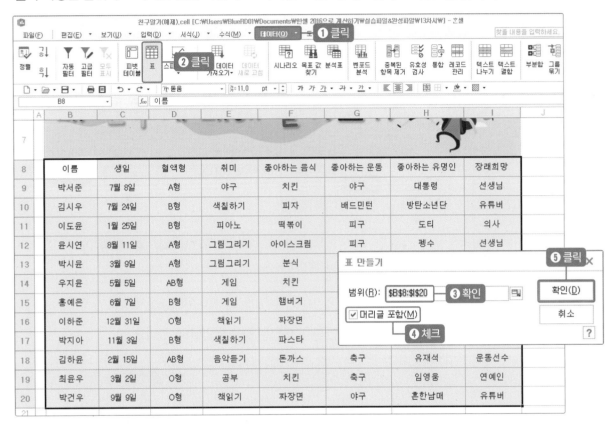

02 블록 지정된 셀이 표로 바뀐 것을 확인해요. 제목 행의 채우기 색을 변경하기 위해 **[B8:I8]** 셀을 블록 지정하고 서식 도구 상자에서 채우기 색을 변경해요.

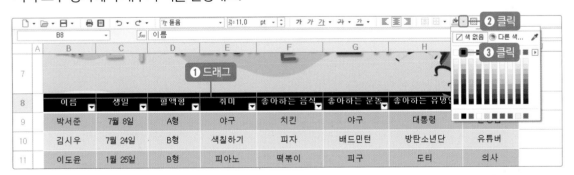

03 11행 위쪽에 행을 추가하기 위해 **[B11:I11]** 셀을 블록으로 지정한 후 마우스 오른쪽 버튼을 눌러 바로 가기 메뉴에서 **[삽입]**을 클릭해요.

04 [삽입] 대화상자가 나타나면 **'위쪽에 표 행 삽입'에 체크**한 후 <확인>을 클릭해요.

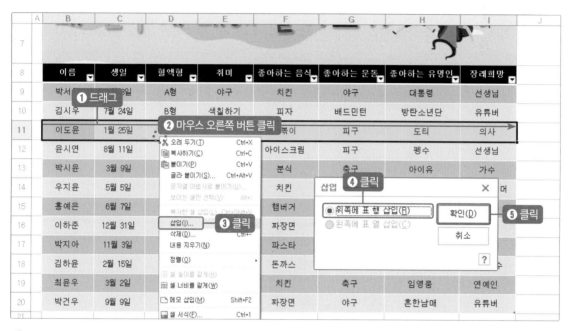

💡 11행의 머리글 위에서 마우스 오른쪽 버튼을 눌러 바로가기 메뉴의 [삽입]을 클릭해도 결과는 동일해요.

05 11행의 내용이 12행으로 밀려나면서 11행에 빈 행이 삽입된 것을 확인할 수 있어요.

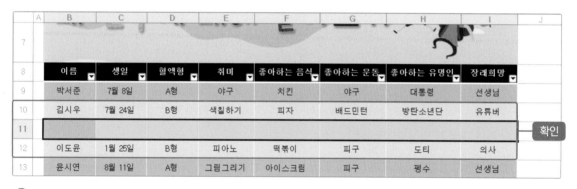

💡 표 스타일이 그대로 유지된 상태로 행이 추가돼요.

06 삽입된 셀에 다음과 같이 텍스트를 입력해요.

사회 5-2 ▸ 선사 시대의 생활 모습

① '선사시대(예제).cell' 파일을 실행하고 작성 조건에 따라 문서를 완성해 보세요.

• 실습파일 : 선사시대(예제).cell ・완성파일 : 선사시대(완성).cell

선사 시대 한눈에 보기

구분	구석기 시대	신석기 시대	청동기 시대	철기 시대
도구	뗀석기 : 주먹도끼	간석기 : 갈판과 갈돌, 돌괭이, 돌삽, 돌보습, 돌낫, 가락바퀴	청동기 : 비파형 동검, 거친무늬 거울 간석기 : 반달 돌칼	철기 : 철제 농기구, 철제 무기
토기	-	빗살무늬 토기	민무늬 토기, 미송리식 토기	검은 간토기
사회	무리 생활, 이동 생활	부족사회, 정착사회	계급 발생, 군장 국가	연맹 왕국
주거	동굴, 막집	움집	구릉지대에 주거지 형성, 지상 가옥화	구릉지대에 주거지 형성, 지상 가옥화
경제	사냥, 채집	농경	일부 저습지에서 벼농사 시작	중국과의 교류
기타		원시 신앙, 원시적 수공업	고인돌, 선민사상	한반도에 독자적 청동기 문화

작성 조건

• 제목
  - [B2:F2] 셀을 병합하고 가운데 맞춤 → 내용 입력
  - 셀의 채우기 색 변경
  - 글꼴 서식 : 글꼴 '양재깨비체B', 글자 크기 '36pt', 글자 색 변경
• [B4:F10] 셀 : 내용 입력, '줄 바꿈' 기능 활용
  - [B4:F4], [B5:B10] 셀 : 글꼴 '경기천년제목 Light', 글자 크기 '14pt'
  - [C5:F10] 셀 : 글꼴 '경기천년바탕 Bold', 글자 크기 '12pt'
• 표 삽입([데이터] 탭-[표(▦)])
  - '머리글 포함' 체크
  - [B4:F4] 셀 : 채우기 색상 변경
  - [B5:F5], [B7:F7], [B9:F9] 셀 : 채우기 색상 변경
  - [B6:F6], [B8:F8], [B10:F10] 셀 : 채우기 색상 변경

14 차트를 활용하여 개그맨 선호도 그래프 만들기

학습목표

- 입력한 데이터를 이용하여 차트를 삽입할 수 있습니다.
- 차트의 구성 요소에 서식을 지정할 수 있습니다.

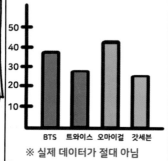

✡ 차트 차트는 워크시트에 입력된 내용을 보기 쉽게 표현한 것으로, 그래프라고도 해요.
표의 자료를 그래프로 나타내면 한눈에 알아보기 편리해요.

실습파일 : 개그맨 순위(예제).cell   완성파일 : 개그맨 순위(완성).cell

미리보기

한국인이 좋아하는 예능인

(단위 : %)

구분	2017년	2018년	2019년
강호동	23.3	23.3	22.7
박나래	15.9	27.4	27.3
신동엽	13.5	9.2	7.1
유재석	38.8	33.4	47
이경규	9.5	0	0
이영자	0	15.6	7.9

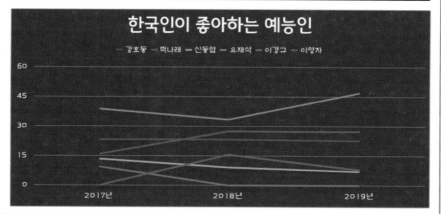

1 표 안에 데이터 입력하고 차트 만들기

01 '개그맨 순위(예제).cell' 파일을 실행하고 [B9:E15] 셀에 다음과 같이 데이터를 입력해요.

구분	2017년	2018년	2019년
강호동	23.3	23.3	22.7
박나래	15.9	27.4	27.3
신동엽	13.5	9.2	7.1
유재석	38.8	33.4	47
이경규	9.5	0	0
이영자	0	15.6	7.9

(단위 : %)

02 차트를 삽입하기 위해 [B9:E15] 셀을 블록 지정하고 [입력] 탭-[꺾은선/영역형(⋙)]-[2차원 꺾은선형]-[꺾은선형]을 클릭해요.

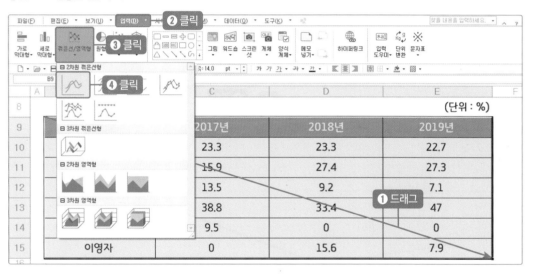

03 차트가 삽입되면 [B17:E35] 셀에 맞춰 크기를 조절해요.

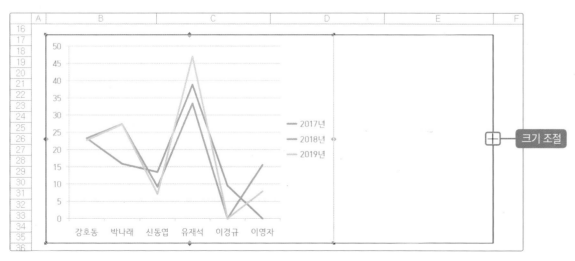

💡 차트의 테두리를 드래그하면 위치를 변경할 수 있어요.

01 차트의 행/열을 전환하기 위해 차트를 선택하고 **[차트 디자인] 탭-[행/열 전환(⬇️)]**을 클릭해요.

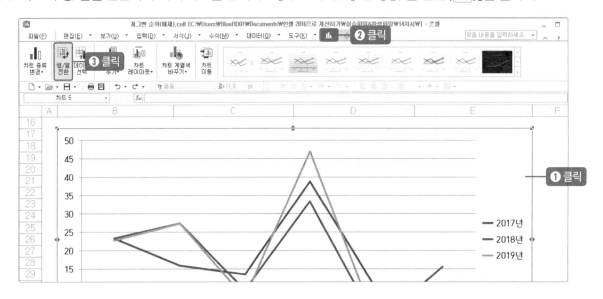

02 차트 스타일을 변경하기 위해 **[차트 디자인] 탭**의 **[차트 스타일] 꾸러미**에서 **'스타일9'**를 선택해요.

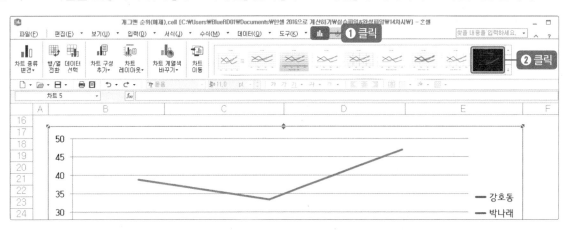

03 차트에 제목을 추가하기 위해 **[차트 디자인] 탭-[차트 구성 추가(📊)]-[차트 제목]-[위쪽]**을 클릭해요.

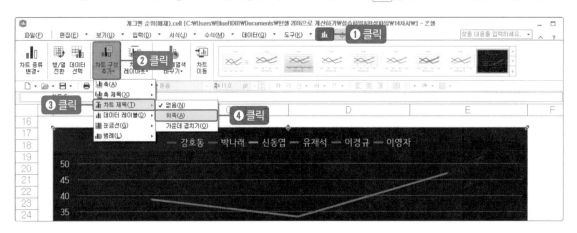

04 차트에 '차트 제목'이 표시되면 마우스 오른쪽 버튼으로 클릭해 바로 가기 메뉴에서 **[제목 편집]**을 선택해요.

05 [제목 편집] 대화상자가 나타나면 내용, 글꼴, 크기, 글자 색을 지정하고 <설정>을 클릭해요.

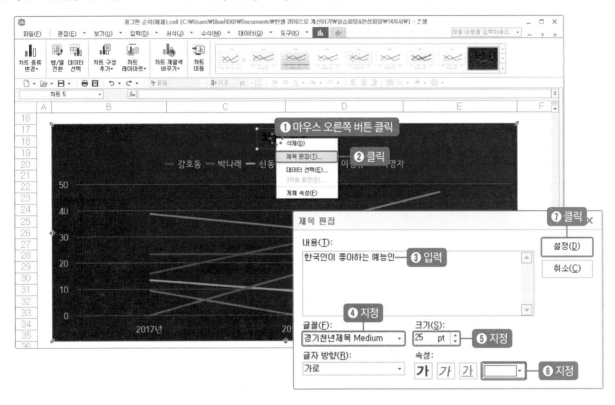

06 세로 축의 단위 값을 변경하기 위해 **세로 축**을 더블 클릭해요. [개체 속성] 대화상자가 나타나면 **[값 축] 탭**에서 **'주 단위'–'고정'**을 선택하고 **"15"**를 입력한 후 <설정>을 클릭해요.

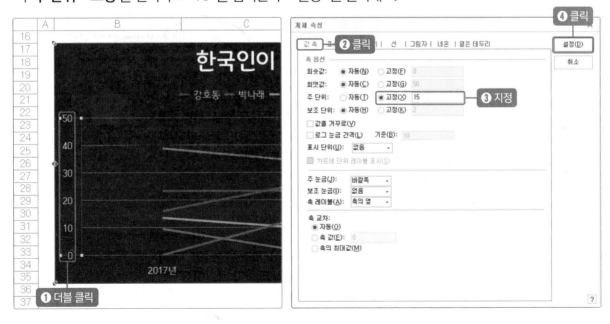

07 글자 모양을 변경하기 위해 세로 축이 선택된 상태에서 마우스 오른쪽 버튼을 눌러 **[글자 모양 편집]**을 선택해요. [글자 모양 편집] 대화상자가 나타나면 원하는 글꼴로 변경한 후 <설정>을 클릭해요.

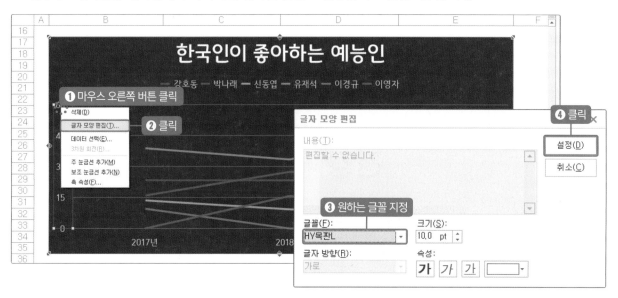

08 같은 방법으로 가로 축과 범례의 글꼴을 원하는 모양으로 변경해요.

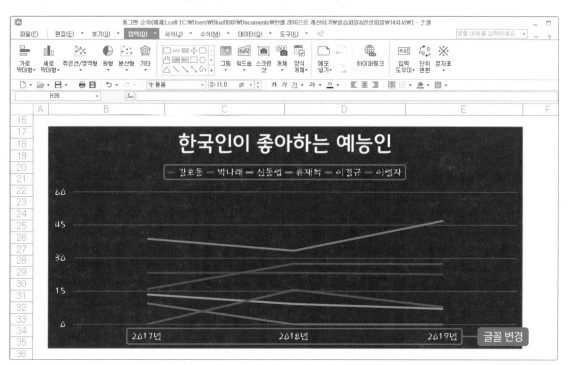

혼자서 뚝딱뚝딱

1 '타자연습(예제).cell' 파일을 실행하고 작성 조건에 따라 문서를 완성해 보세요.

· 실습파일 : 타자연습(예제).cell　　· 완성파일 : 타자연습(완성).cell

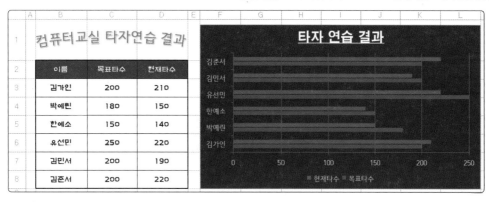

작성 조건

· [B2:D8] 영역을 이용하여 '묶은 가로 막대형' 차트 삽입
· 차트 스타일 : 스타일2
· 범례 위치 : '아래쪽'으로 변경
· 차트 제목 : 글꼴 'HY견고딕', 글자 크기 '20pt', 글자 색 '하양', 밑줄
· 가로 축 : 최댓값 '250'으로 변경

실과 5-1 ▶ 균형 잡힌 식생활

2 '나트륨 함량(예제).cell' 파일을 실행하고 작성 조건에 따라 문서를 완성해 보세요.

· 실습파일 : 나트륨 함량(예제).cell　　· 완성파일 : 나트륨 함량(완성).cell

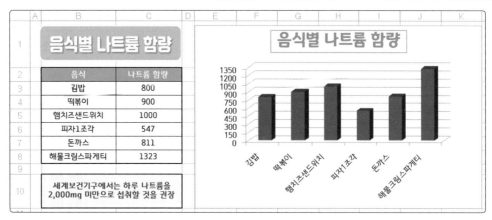

작성 조건

· [B2:C8] 영역을 이용하여 '3차원 묶은 세로 막대형' 차트 삽입
· 차트 스타일 : 스타일1
· 범례 삭제
· 차트 제목
　- 글꼴 '경기천년제목 Bold', 글자 크기 '22pt', 글자 색 변경
　- 테두리 : 선 종류 '실선' 선택 후 원하는 색상 지정
· 세로 축 : 최댓값 '1350', 주 단위 '150'으로 변경

💡 차트 제목의 테두리는 차트 제목을 더블 클릭하여 [개체 속성] 대화상자의 [선] 탭에서 지정할 수 있어요.

HANCELL
NEO(2016)

15

학습목표

스파크라인 기능으로 그래프 넣기

- 데이터를 입력할 수 있습니다.
- 입력된 데이터의 표시 형식을 변경할 수 있습니다.
- 스파크라인 기능으로 셀 안에 차트를 표시할 수 있습니다.

✿ 스파크라인　차트(그래프)는 숫자로 입력된 데이터를 한 눈에 확인할 수 있도록 도움을 주는 기능이지요.
스파크라인 기능은 막대 또는 선으로 간편하게 표시하는 미니 차트라고 할 수 있답니다.

실습파일 : 다문화학생분포(예제).cell　　완성파일 : 다문화학생분포(완성).cell

미리보기

다문화 학생 분포 현황

연도	베트남	중국	필리핀	일본	스파크라인
2014년 3월	27,650명	35,494명	25,902명	2,162명	
2015년 3월	30,205명	36,194명	34,389명	3,089명	
2016년 3월	35,886명	37,640명	35,095명	4,909명	
2017년 3월	37,260명	38,903명	41,961명	4,308명	
2018년 3월	41,961명	39,571명	48,360명	6,809명	
2019년 3월	40,382명	40,883명	46,273명	7,602명	
2020년 3월	39,260명	41,625명	46,057명	9,676명	
2021년 3월	42,660명	49,810명	45,922명	10,901명	
2022년 3월	37,418명	48,772명	46,286명	10,057명	
스파크라인					

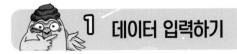

1 데이터 입력하기

01 '**다문화학생분포(예제).cell**' 파일을 실행하고 다음과 같이 데이터를 입력해요.

	A	B	C	D	E	F	G
2			\multicolumn{5}{	c	}{다문화 학생 분포 현황}	
3							
4		연도	베트남	중국	필리핀	일본	스파크라인
5			27650	35494	25902	2162	
6			30205	36194	34389	3089	
7			35886	37640	35095	4909	
8			37260	38903	41961	4308	
9			41961	39571	48360	6809	
10			40382	40883	46273	7602	

입력 (→ G4)

💡 [B4] 셀에 '연도'를 입력한 다음 Tab 를 누르면 오른쪽 셀로 이동할 수 있어요.

02 이번에는 연도를 입력하기 위해 **[B5]** 셀을 선택한 다음
'**2014-03**'을 입력해요.

💡 [B5] 셀에 'Mar-14'입력이 완료되면 Enter 를 눌러 아래쪽 데이터
도 입력해 보세요.

연도
2014-03
2015-03
2016-03
2017-03
2018-03
2019-03
2020-03
2021-03
2022-03

◀ 실제 입력할 데이터

03 연도 입력이 완료되면 **[B14]** 셀에 "**스파크라인**"을 입
력해요.

	A	B	C	D
3				
4		연도	베트남	중국
5		Mar-14	27650	35494
6		Mar-15	30205	36194
7		Mar-16	35886	37640
8		Mar-17	37260	38903
9		Mar-18	41961	39571
10		Mar-19	40382	40883
11		Mar-20	39260	41625
12		Mar-21	42660	49810
13		Mar-22	37418	48772
14		스파크라인		
15				

❶ 입력
❷ 입력

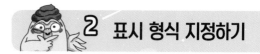

2 표시 형식 지정하기

01 연도를 보기 좋게 표시하기 위해 **[B5:B13]** 셀을 블록 지정하고 Ctrl + 1 을 눌러요.

02 [셀 서식] 대화상자가 나타나면 [표시 형식] 탭의 '**날짜**'에서 '**2004년 10월**' 항목을 선택한 다음 <설정>을 클릭해요.

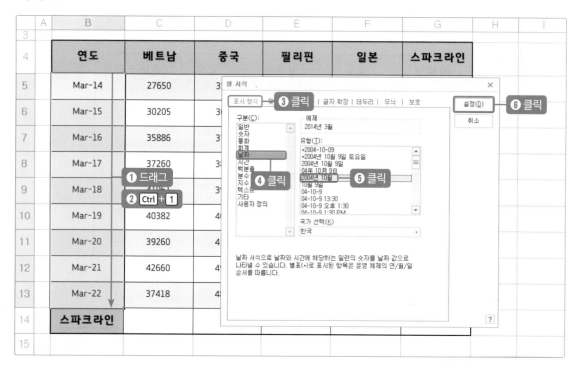

03 이번에는 **[C5:F13]** 셀을 블록 지정하고 Ctrl + 1 을 눌러요. [셀 서식] 대화상자가 나타나면 [표시 형식] 탭의 '**사용자 정의**'에서 '유형'에 **#,##0"명"**을 입력한 다음 <설정>을 클릭해요.

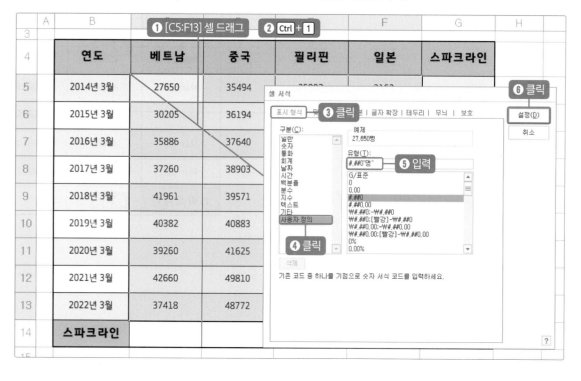

04 해당 셀의 데이터에 **천 단위 구분 기호(,)**와 **'명'**이 입력된 것을 확인할 수 있어요.

	연도	베트남	중국	필리핀	일본	스파크라인
4						
5	2014년 3월	27,650명	35,494명	25,902명	2,162명	
6	2015년 3월	30,205명	36,194명	34,389명	3,089명	
7	2016년 3월	35,886명	37,640명	35,095명	4,909명	
8	2017년 3월	37,260명	38,903명	41,961명	4,308명	
9	2018년 3월	41,961명	39,571명	48,360명	6,809명	확인
10	2019년 3월	40,382명	40,883명	46,273명	7,602명	
11	2020년 3월	39,260명	41,625명	46,057명	9,676명	
12	2021년 3월	42,660명	49,810명	45,922명	10,901명	
13	2022년 3월	37,418명	48,772명	46,286명	10,057명	
14	스파크라인					

③ 스파크라인 추가하기

01 [C5:F5] 셀을 블록 지정한 후 [데이터] 탭-[스파크라인()]-[열]을 클릭해요.

02 [스파크라인 만들기] 대화상자가 나오면 데이터 선택 범위를 확인한 다음 위치를 [G5]셀로 지정해요.

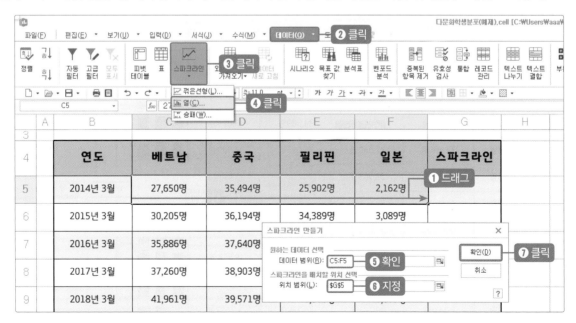

03 [G5] 셀에 막대형 그래프가 추가된 것을 확인한 후 채우기 핸들을 [G13] 셀까지 드래그하여 다른 연도의 차트도 표시해 보세요.

	A	B	C	D	E	F	G	H
3								
4		연도	베트남	중국	필리핀	일본	스파크라인	
5		2014년 3월	27,650명	35,494명	25,902명	2,162명		
6		2015년 3월	30,205명	36,194명	34,389명	3,089명		
7		2016년 3월	35,886명	37,640명	35,095명	4,909명		
8		2017년 3월	37,260명	38,903명	41,961명	4,308명		
9		2018년 3월	41,961명	39,571명	48,360명	6,809명		드래그
10		2019년 3월	40,382명	40,883명	46,273명	7,602명		
11		2020년 3월	39,260명	41,625명	46,057명	9,676명		
12		2021년 3월	42,660명	49,810명	45,922명	10,901명		
13		2022년 3월	37,418명	48,772명	46,286명	10,057명		
14		스파크라인						
15								

04 이번에는 [C5:F13] 셀을 블록 지정한 후 [데이터] 탭-[스파크라인( )]-[꺾은선형]을 클릭해요.

05 [스파크라인 만들기] 대화상자가 나오면 데이터 선택 범위를 확인한 다음 위치를 [C14:F14] 셀로 지정하여 해당 셀에 꺾은선형 차트를 표시해 보세요.

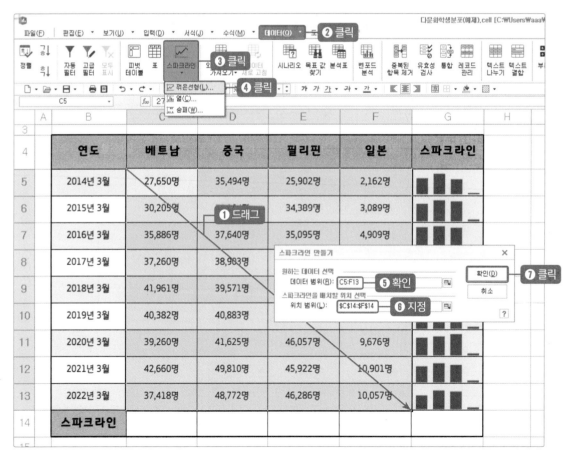

1 '시험점수(예제).cell' 파일을 실행하고 작성 조건에 따라 문서를 완성해 보세요.

· 실습파일 : 시험점수(예제).cell · 완성파일 : 시험점수(완성).cell

	날짜	국어	영어	수학	기간별 통계
	승현이의 시험 점수 기록				
4	2018년 6월	60점	58점	62점	
5	2018년 12월	75점	88점	65점	
6	2019년 6월	71점	90점	60점	
7	2019년 12월	95점	95점	84점	
8	2020년 6월	84점	92점	68점	
9	2020년 12월	84점	82점	70점	
10	2021년 6월	75점	58점	95점	
11	2021년 12월	82점	50점	100점	
12	2022년 6월	90점	65점	100점	
13	2022년 12월	97점	84점	92점	
14	과목별 통계				

· 날짜 데이터[B4:B13]
  – 완성된 이미지를 참고하여 데이터 입력
  – 표시 형식 지정 : [셀 서식]–[표시 형식]–[날짜]를 이용하여 '2018년 6월' 형식으로 표시
· 점수 데이터[C4:E13]
  – 표시 형식 지정 : [셀 서식]–[표시 형식]–[사용자 정의]를 이용하여 숫자 뒤에 '점'을 표시
· 스파크 라인 그래프 삽입
  – 기간별 통계[F4:F13] : [스파크라인]–[열]
  – 과목별 통계[C14:E14] : [스파크라인]–[꺾은선형]

16
액티비티

대결 오목게임!

오늘은 재미있는 게임을 한 번 해 볼까요? 바로 '오목'이라는 게임인데요. 오목은 다섯 개의 바둑돌이 가로, 세로, 대각선으로 위치하면 이기는 게임이에요. 친구의 바둑돌이 다섯 개가 되지 못하게 방어하고, 내 바둑돌이 나란히 다섯 개가 놓일 수 있도록 해 보세요. 게임 방법은 아주 쉽지만 게임에 이기기 위해서는 전략을 세워야 한답니다. 바둑판과 바둑돌을 만들어 게임을 즐겨볼까요?

실습파일 : 오목게임(예제).cell, 이미지 파일(캐릭터1~캐릭터4)　　　**완성파일** : 오목게임(완성).cell

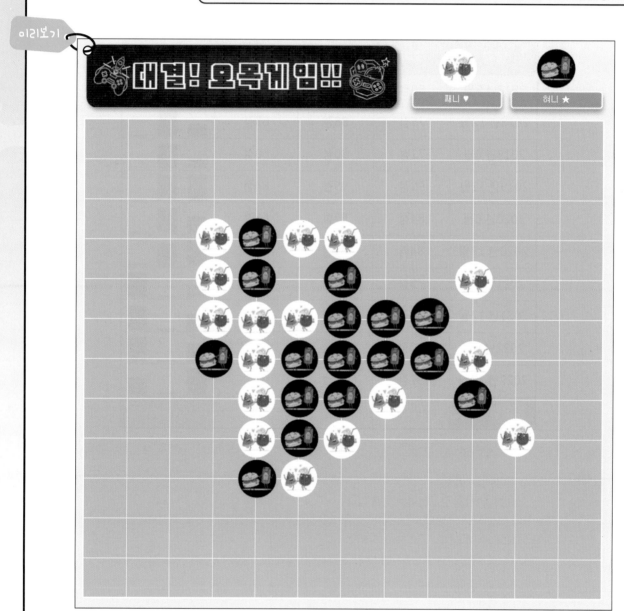

1 바둑판 만들기

01 '오목게임(예제).cell' 파일을 실행하고 바둑판을 만들기 위해 **[B4:M15]** 셀을 블록 지정 후 서식 도구 상자에서 **[채우기]−[다른 색]**을 클릭해요.

02 [색] 대화상자가 나타나면 **[팔레트] 탭**에서 '빨강', '녹색', '파랑'에 각각 **"204", "204", "0"**을 입력하고 <설정>을 클릭해요.

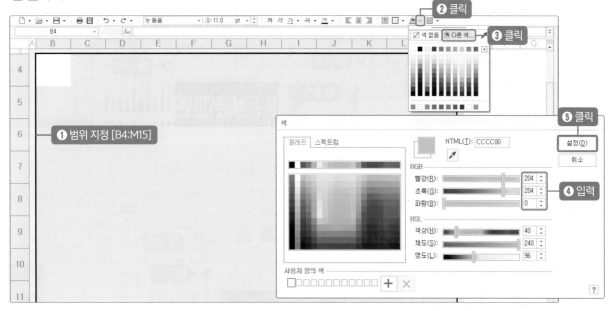

03 선 모양을 만들기 위해 **[B4:M15]** 셀이 블록 지정된 상태에서 **[서식] 탭−[테두리]−[테두리 색]−[하양 (RGB:255,255,255)]**를 클릭하고, 다시 **[테두리]**에서 **[모두 적용(⊞)]**, **[바깥쪽(두꺼운 선)(☐)]**을 차례로 클릭해요.

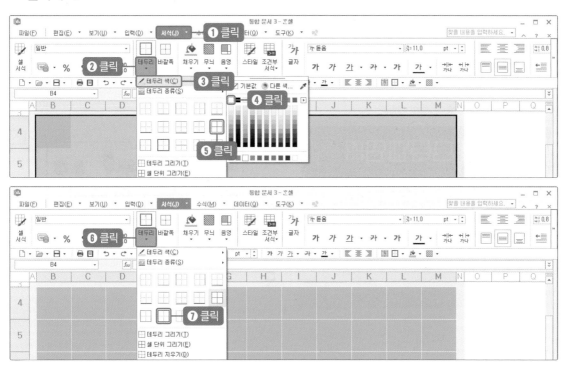

01 문서의 위쪽에 바둑돌로 사용될 원 도형이 삽입되어 있어요. 왼쪽 원을 선택하고 [도형] 탭-[선 스타일(☰)]-
[선 모양]-[선 없음]을 클릭해요. 이어서, [채우기]-[하양(RGB:255,255,255)]을 선택하여 도형에 색을
채워요.

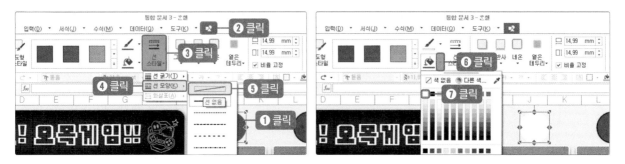

02 같은 방법으로 오른쪽 원을 선택하여 [선 없음]과 [채우기(검정)]를 지정해요.

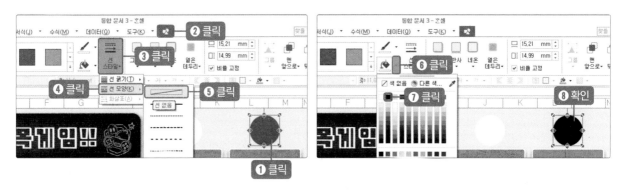

03 바둑돌로 사용할 그림을 삽입하기 위해 [입력] 탭-[그림(🖼)]을 클릭해요. [그림 넣기] 대화상자가 나타나면
[16차시] 폴더에서 '캐릭터1.png'~'캐릭터4.png'를 선택하고 <넣기>를 클릭해요.

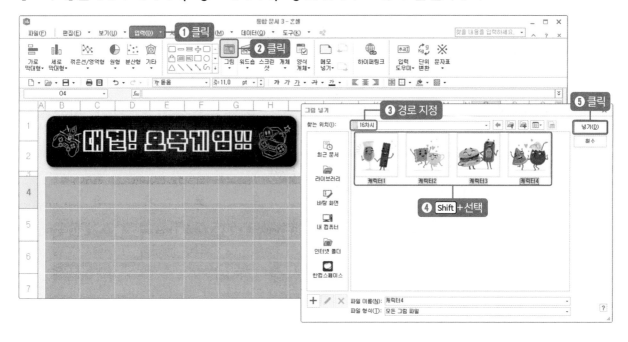

04 그림이 삽입되면 Shift 를 이용하여 모든 그림을 선택하고 **[그림] 탭**에서 **너비**를 "**13**"으로 입력해요.

> 💡 '비율 고정'에 체크되어 있어 너비 크기에 맞춰 높이 값이 변경돼요.

05 Esc 를 눌러 선택을 해제하고 원하는 캐릭터를 드래그하여 각각 흰색과 검은색 바둑돌 위에 배치해요.

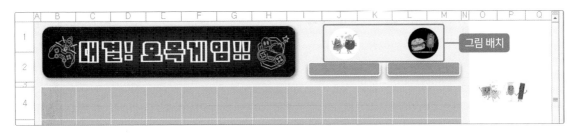

> 💡 Ctrl 을 누른 채 방향키(←, →, ↑, ↓)를 이용하면 그림의 위치를 세밀하게 이동시킬 수 있어요.

06 도형과 캐릭터를 그룹으로 지정하기 위해 흰색 도형과 캐릭터를 선택하고 **[도형] 탭-[그룹(▦)]-[개체 묶기]**
를 클릭해요.

07 같은 방법으로 검은색 도형과 캐릭터를 클릭해 그룹으로 지정해요.

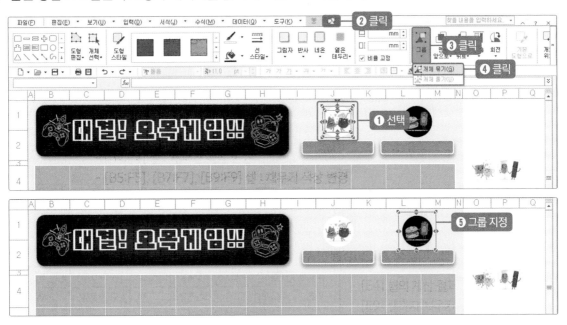

08 게임 준비가 완료되었어요. 바둑돌 아래 도형에 이름을 입력하고 Ctrl +드래그를 이용해 바둑돌을 복사하여 게
임을 즐겨보세요.

17

학습목표

SUM&AVERAGE 함수로 일일 학습 기록표 만들기

- SUM 함수를 사용하여 합계를 계산할 수 있습니다.
- AVERAGE 함수를 사용하여 평균을 계산할 수 있습니다.
- 조건을 만족하는 셀에 조건부 서식을 지정할 수 있습니다.

☆ SUM 함수

셀에 입력되어 있는 값의 합계를 구하는 함수예요.

☆ AVERAGE 함수

셀에 입력되어 있는 값의 평균을 구하는 함수예요.

실습파일 : 일일학습(예제).cell   완성파일 : 일일학습(완성).cell

미리보기

일일 학습 점수 기록표

공부한 날짜	문제번호	1번	2번	3번	4번	5번	6번	7번	8번	9번	10번	점수
03월 02일	제01회	10	0	10	0	0	10	10	0	0	10	50
03월 03일	제02회	0	10	10	10	10	0	10	10	0	0	60
03월 04일	제03회	10	10	10	10	10	0	0	10	10	10	80
03월 05일	제04회	10	10	0	10	10	10	10	10	10	10	90
03월 06일	제05회	10	10	10	0	10	10	10	10	0	0	70
합계		40	40	40	30	40	30	40	40	20	30	✕
평균 점수												70

1 SUM 함수로 합계 계산하기

01 '일일학습(예제).cell' 파일을 실행한 후 일별 합계 점수를 구하기 위해 [N5] 셀을 선택하고 [수식] 탭-[기타 (□)]-[수학]-[SUM]을 클릭해요.

02 [함수 인수] 대화상자가 나타나면 'number1' 항목에 **D5:M5**를 입력하고 <확인>을 클릭해요.

💡 인수의 범위는 드래그해 지정해도 돼요.

03 [D5:M5] 셀에 입력된 데이터의 합계가 구해진 것을 확인해요. 이어서, 다른 날짜의 합계 점수를 구하기 위해 [N5] 셀이 선택된 상태에서 마우스 오른쪽 버튼으로 **채우기 핸들을 [N9] 셀까지 드래그**해요.

04 마우스에서 손을 떼면 나타나면 바로 가기 메뉴에서 [서식 없이 채우기]를 클릭해요.

💡 '서식 없이 채우기'는 셀에 지정된 속성은 제외하고 데이터만 자동 채우기 돼요.

05 이번엔 다른 방법으로 합계를 구해 볼게요. **[D10:M10]** 셀을 블록 지정하고 **[수식] 탭-[합계(Σ)]**를 클릭해요.

06 각 문제별 합계 점수가 표시된 것을 확인해요.

	A	B	C	D	E	F	G	H	I	J	K	L	M	N	O
7		03월 04일	제03회	10	10	10	10	10	0	0	10	10	10	80	
8		03월 05일	제04회	10	10	0	10	10	10	10	10	10	10	90	
9		03월 06일	제05회	10	10	10	0	10	10	10	10	0	0	70	
10		합계		40	40	40	30	40	30	40	40	20	30		
11							평균 점수								

② AVERAGE 함수로 평균 계산하기

01 평균을 구하기 위해 **[N11]** 셀을 선택하고 **[수식] 탭-[기타(⋯)]-[통계]-[AVERAGE]**를 클릭해요.

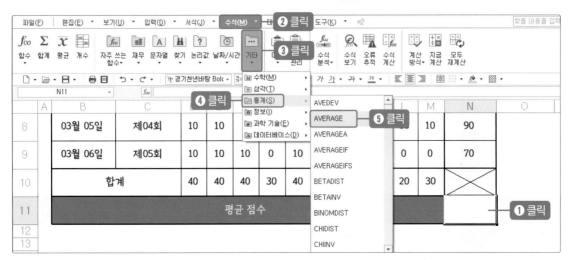

02 [함수 인수] 대화상자가 나타나면 'number1' 항목에 **N5:N9**를 입력하고 <확인>을 클릭해요.

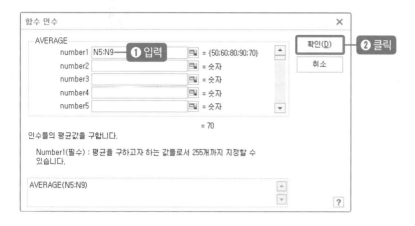

03 점수의 평균값이 구해진 것을 확인해요.

	A	B	C	D	E	F	G	H	I	J	K	L	M	N	O
7		03월 04일	제03회	10	10	10	10	10	0	0	10	10	10	80	
8		03월 05일	제04회	10	10	0	10	10	10	10	10	10	10	90	
9		03월 06일	제05회	10	10	10	0	10	10	10	10	0	0	70	
10		합계		40	40	40	30	40	30	40	40	20	30	✕	
11		평균 점수												70	확인
12															

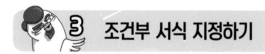
③ 조건부 서식 지정하기

01 데이터 중 0점에 조건부 서식을 지정하기 위해 **[D5:M9]** 셀을 블록 지정하고 **[서식] 탭-[조건부 서식(▦)]-**
[셀 강조 규칙]-[같음]을 클릭해요.

02 [같음] 대화상자가 나타나면 '다음 값과 같은 셀의 서식 지정'에 "**0**"을 입력하고 '적용할 서식'에는 '**진한 노랑 텍스트가 있는 노랑 채우기**'를 선택한 후 <확인>을 클릭해요.

03 이번에는 점수에 조건부 서식을 지정하기 위해 [**N5:N9**] 셀을 블록 지정하고 [**서식**] 탭-[**조건부 서식( )**]-[**색조**]-[**색조 8**]을 선택해요.

04 아래쪽 합계에도 조건부 서식을 지정하기 위해 [**D10:M10**] 셀을 블록 지정하고 [**서식**] 탭-[**조건부 서식( )**]-[**색조**]-[**색조 10**]을 선택해요.

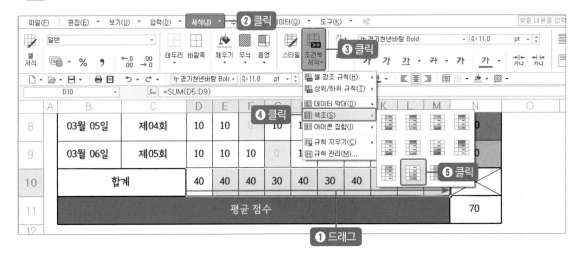

혼자서 뚝딱뚝딱

---

1 '월별 저축 기록표(예제).cell' 파일을 실행하고 작성 조건에 따라 문서를 완성해 보세요.

· 실습파일 : 월별 저축 기록표(예제).cell   · 완성파일 : 월별 저축 기록표(완성).cell

	A	B	C	D	E	F	G	H	I
1				**월별 저축 기록표**					
2									
3		1일	2일	3일	4일	5일	6일	7일	중간 합계
4		2,000		500		1,000		1,000	4,500
5		8일	9일	10일	11일	12일	13일	14일	
6		1,000	2,000			3,000		1,000	7,000
7		15일	16일	17일	18일	19일	20일	21일	
8		2,000		1,500		2,000	3,000		8,500
9		22일	23일	24일	25일	26일	27일	28일	
10		1,000	1,000	2,000		3,000	2,000	1,000	10,000
11		29일	30일	31일	중간 합계		이번달 저축금액		
12		1,000		2,000	3,000		₩	33,000	

 · [I4], [I6], [I8], [I10], [E12] 셀 : SUM 함수를 사용하여 합계 구하기
· [B4:I4], [B6:I6], [B8:I8], [B10:I10], [B12:E12] 셀 : 쉼표 스타일 적용
· [G12] 셀 : [I4], [I6], [I8], [I10], [E12] 셀의 합계 구하기 →
[표시 형식]-[회계]를 이용하여 기호(₩) 표시

💡 떨어져 있는 셀의 합계를 구할 때에는 '콤마(,)'를 이용하면 돼요.
예 =SUM(B4,D4,F4,H4)

📖 **수학 3-1** ▶ 덧셈과 뺄셈

2 '독서모임 출석부(예제).cell' 파일을 실행하고 작성 조건에 따라 문서를 완성해 보세요.

· 실습파일 : 독서모임 출석부(예제).cell   · 완성파일 : 독서모임 출석부(완성).cell

	A	B	C	D	E	F	G	H	I	J	K
1			**독서 모임 출석부**								
2											
3		이름	반별	1주	2주	3주	4주	합계		참고표	
4		김가인	A반	1	1	1	1	4		출석	결석
5		박예린	A반	1	0	1	1	3		1	0
6		한예소	A반	1	1	1	0	3			
7		유홍균	B반	1	1	1	1	4			
8		김민서	B반	1	1	0	0	2			
9		최현욱	B반	1	1	1	0	3			
10											
11		A반 출석일 합계			B반 출석일 합계			평균 출석일			
12		10일			9일			3일			
13											

 · [H4:H9] : 합계(SUM 함수 이용)
· [B12] : A반 출석일 합계(SUM 함수 이용)
· [E12] : B반 출석일 합계(SUM 함수 이용)
· [H12] : 평균 출석일(AVERAGE 함수 이용)
· [D4:G9] 조건부 서식의 규칙 : '0'과 같을 때 서식 '연한 빨강 채우기' 지정

18

IF 함수로 코딩대회 결과표 만들기

학습목표

- IF 함수의 기능을 이해할 수 있습니다.
- IF 함수를 활용하여 평가 결과를 표시할 수 있습니다.
- 조건부 서식의 규칙을 새롭게 만들 수 있습니다.

✿ **IF 함수** 어떤 조건을 만족하는지 여부를 체크하여 맞으면 참의 값을 보여주고, 틀리면 거짓의 값을 보여주는 함수예요.

실습파일 : 코딩대회(예제).cell　　완성파일 : 코딩대회(완성).cell

미리보기

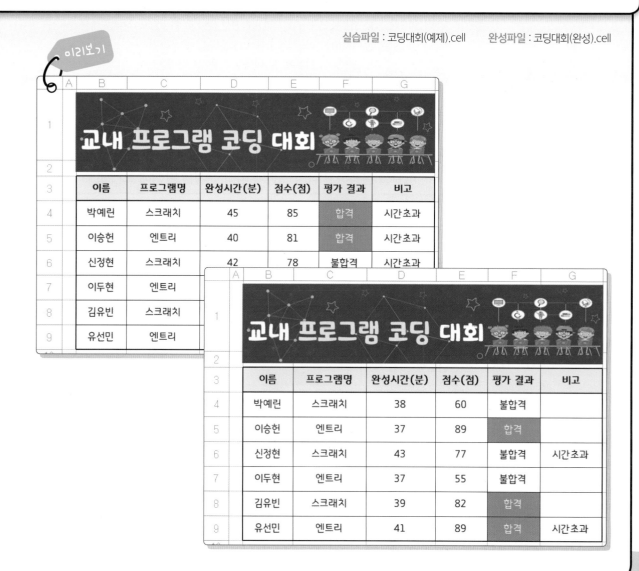

① IF 함수로 평가 결과 표시하기

01 **'코딩대회(예제).cell'** 파일을 실행
한 후 점수에 따라 '합격', '불합격'
을 표시하기 위해 [F4] 셀을 선택
하고 [수식] 탭-[논리값(?)]-
[IF]를 클릭해요.

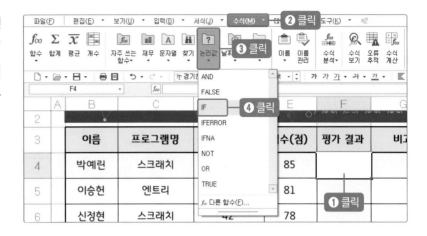

02 [함수 인수] 대화상자가 나타나면
'logical_test'에 조건인 [E4] 셀
을 클릭하고 **>=80을 입력**해요.

🔆 >= 기호는 '이상(값이 크거나 같음)'을
표시할 때 이용해요.

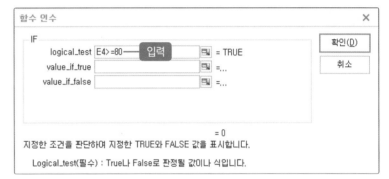

03 'value_if_true'에는 조건
(E4>=80)이 참일 경우 표시하는
"합격"을 입력해요.

🔆 조건 결과가 문자일 때에는 반드시 큰
따옴표("") 안에 입력해야 해요.

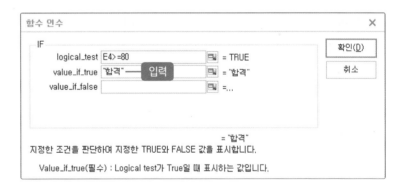

04 'value_if_false'에는 조건
(E4>=80)이 거짓일 경우 표시하
는 **"불합격"**을 입력하고 <확인>
을 클릭해요.

🔆 점수([E4])가 80점 이상이면 합격, 미만
이면 불합격을 표시하는 함수식이에요.

05 결과 값이 표시되면 [F4] 셀의 채우기 핸들을 [F9] 셀까지 마우스 오른쪽 버튼으로 드래그하여 나머지 학생의 결과도 표시해요.

06 이번엔 같은 방법으로 비고 항목을 작성해 볼게요. **[G4]** 셀을 선택하고 **[수식] 탭-[논리값(⑦)]-[IF]**를 클릭해요. **[함수 인수]** 대화상자가 나타나면 다음과 같이 입력하고 **<확인>**을 클릭해요.

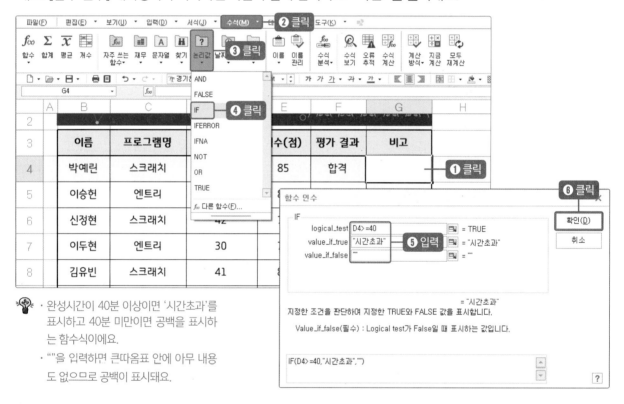

💡 · 완성시간이 40분 이상이면 '시간초과'를 표시하고 40분 미만이면 공백을 표시하는 함수식이에요.
· ""을 입력하면 큰따옴표 안에 아무 내용도 없으므로 공백이 표시돼요.

07 결과 값이 표시되면 **[G4]** 셀의 채우기 핸들을 **[G9]** 셀까지 마우스 오른쪽 버튼으로 드래그하여 나머지 학생의 결과도 표시해요.

이름	프로그램명	완성시간(분)	점수(점)	평가 결과	비고
박예린	스크래치	45	85	합격	시간초과
이승헌	엔트리	40	81	합격	시간초과
신정현	스크래치	42	78	불합격	시간초과
이두현	엔트리	30	70	불합격	
김유빈	스크래치	41	82	합격	시간초과
유선민	엔트리	38	74	불합격	

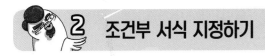

2 조건부 서식 지정하기

01 '합격'이 입력된 셀만 조건부 서식을 지정하기 위해 **[F4:F9]** 셀을 블록 지정하고 **[서식] 탭-[조건부 서식(▣)]-[규칙 관리]**를 클릭해요.

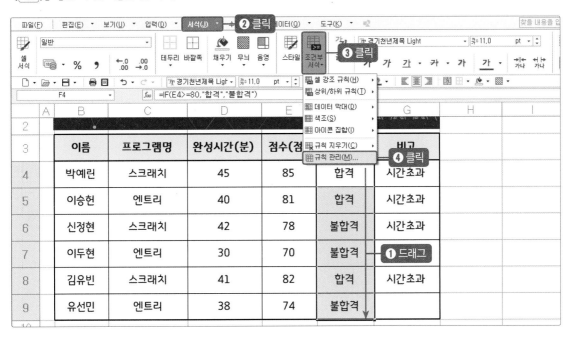

02 [조건부 서식 관리] 대화상자가 나타나면 **'새 규칙(+)'** 아이콘을 클릭해요.

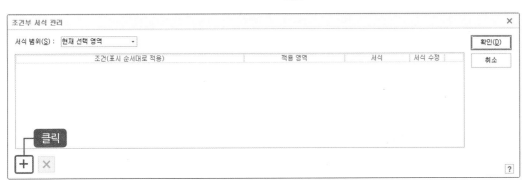

03 상단에 조건 설정 내용이 표시되면 '해당 범위'에는 **'='**을 선택하고 조건 입력란에 **"합격"**을 입력한 후 **[서식]**을 클릭해요.

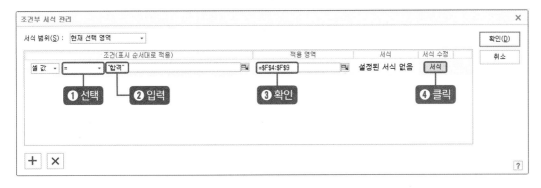

04 [셀 서식] 대화상자가 나타나면 **[글자 기본] 탭**에서 '글자 색'을, **[무늬] 탭**에서 '바탕 색'을 원하는 색상으로 지정하고 <설정>을 클릭해요.

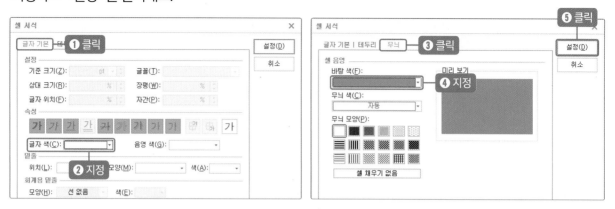

05 [조건부 서식 관리] 대화상자가 다시 표시되면 미리 보기 서식이 지정된 것을 확인하고 <확인>을 클릭해요.

06 '평가 결과'가 "합격"인 데이터에 서식이 적용된 것을 확인해요.

이름	프로그램명	완성시간(분)	점수(점)	평가 결과	비고
박예린	스크래치	45	85	합격	시간초과
이승헌	엔트리	40	81	합격	시간초과
신정현	스크래치	42	78	불합격	시간초과
이두현	엔트리	30	70	불합격	
김유빈	스크래치	41	82	합격	시간초과
유선민	엔트리	38	74	불합격	

1 '수학 모의시험(예제).cell' 파일을 실행하고 작성 조건에 따라 문서를 완성해 보세요.

· 실습파일 : 수학 모의시험(예제).cell · 완성파일 : 수학 모의시험(완성).cell

이름	1차평가	2차평가	합계	선물
김가인	45	41	86	상품권
김태성	38	41	79	필통
박예린	42	43	85	상품권
한예소	39	45	84	상품권
이준서	33	32	65	필통
조서영	38	37	75	필통
손슬하	41	42	83	상품권

· 제목에 입력된 내용의 글자 서식을 자유롭게 지정
· [E4:E10] 셀 : SUM 함수를 이용하여 1차평가와 2차평가의 합계 구하기
· [F4:F10] 셀 : IF 함수를 이용하여 합계가 80 이상이면 '상품권', 그렇지 않으면 '필통'으로 표시

영어 4-1 ▷ I'm studying

2 '영어 평가(예제).cell' 파일을 실행하고 작성 조건에 따라 문서를 완성해 보세요.

· 실습파일 : 영어 평가(예제).cell · 완성파일 : 영어 평가(완성).cell

What are you doing?

이름	정답	쓰기 평가	듣기 평가	평균	평가
이슬기	I'm reading a book	80	75	77.5	우수
한소연	I'm making a pizza	60	77	68.5	재시험
김대윤	I'm cooking	89	46	67.5	재시험
임종욱	I'm singing	77	78	77.5	우수
장은수	I'm studying English	81	83	82.0	우수

· [B4:E8] 셀 : 데이터 입력
· [F4:F8] 셀 : AVERAGE 함수를 이용하여 쓰기 평가와 듣기 평가의 평균 구하기
　　　　　　　(표시 형식 '숫자', 소수 자릿수 '1')
· [G4:G8] 셀 : IF 함수를 이용하여 평균이 70 이하이면 '재시험', 그렇지 않으면 '우수'로 표시

💡 '이하(값이 작거나 같음)'를 나타내는 기호는 <= 예요.

HANCELL NEO(2016)

#MAX 함수 #MIN 함수

19 MAX&MIN 함수로 여행 경비 계산하기

학습목표
- MAX 함수의 기능을 이해하고 사용할 수 있습니다.
- MIN 함수의 기능을 이해하고 사용할 수 있습니다.

☆ MAX 함수

여러 개의 값 중에서 최댓값(가장 큰 값)을 구할 때 사용하는 함수예요.

☆ MIN 함수

여러 개의 값 중에서 최솟값(가장 작은 값)을 구할 때 사용하는 함수예요.

실습파일 : 여행경비(예제).cell   완성파일 : 여행경비(완성).cell

 미리보기

우리 가족 여행 경비 예산

T R A V E L

여행기간	여행지＼항목	교통비	숙박비	식대	기타 잡비	합계
3박 4일	제주도	300,000	300,000	150,000	200,000	950,000
2박 3일	여수	250,000	60,000	200,000	320,000	830,000
1박 2일	설악산	80,000	100,000	100,000	200,000	480,000
2박 3일	강릉	100,000	80,000	120,000	150,000	450,000
3박 4일	부산	250,000	200,000	130,000	300,000	880,000
여행 경비 최댓값		300,000	300,000	200,000	320,000	950,000
여행 경비 최솟값		80,000	60,000	100,000	150,000	450,000

1 데이터 입력하기

01 '**여행경비(예제).cell**' 파일을 실행하고 다음과 같이 데이터를 입력해요.

여행기간	항목 / 여행지	교통비	숙박비	식대	기타 잡비	합계
3박 4일	제주도	300000	300000	150000	200000	
2박 3일	여수	250000	60000	200000	320000	
1박 2일	설악산	80000	100000	100000	200000	
2박 3일	강릉	100000	80000	120000	150000	
3박 4일	부산	250000	200000	130000	300000	

02 금액이 입력된 [D3:G7] 셀을 블록 지정하고 [편집] 탭-[쉼표 스타일(**,**)]을 클릭하여 금액에 천 단위 구분 기호를 표시해요.

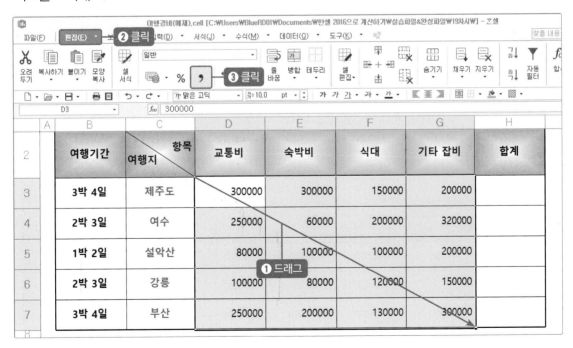

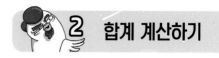

② 합계 계산하기

01 여행지별 경비의 합계를 계산하기 위해 **[H3]** 셀을 선택하고 **[수식] 탭-[합계(Σ)]**를 클릭해요.

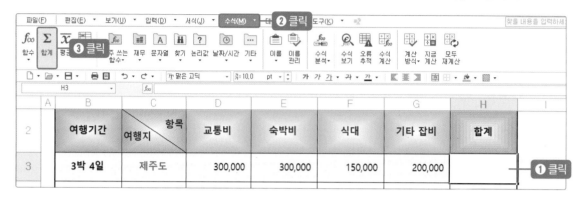

02 합계를 구할 영역이 화면에 표시되면 제대로 영역이 지정되었는지 확인하고 [Enter]를 눌러요.

	여행기간	여행지 / 항목	교통비	숙박비	식대	기타 잡비	합계	
3	3박 4일	제주도	300,000	300,000	150,000	200,000	950,000	❷ 합계 확인
4	2박 3일	여수	250,000	60,000	200,000	320,000		

03 **[H3]** 셀을 선택하고 채우기 핸들을 마우스 오른쪽 버튼으로 **[H7]** 셀까지 드래그해 합계를 구해요.

	여행기간	여행지 / 항목	교통비	숙박비	식대	기타 잡비	합계
3	3박 4일	제주도	300,000	300,000	150,000	200,000	950,000
4	2박 3일	여수	250,000	60,000	200,000	320,000	830,000
5	1박 2일	설악산	80,000	100,000	100,000	200,000	480,000
6	2박 3일	강릉	100,000	80,000	120,000	150,000	450,000
7	3박 4일	부산	250,000	200,000	130,000	300,000	880,000

③ MAX 함수로 최댓값 구하기

01 항목별 최댓값을 구하기 위해 **[D9]** 셀을 선택하고 **[수식] 탭-[기타( )]-[통계]-[MAX]**를 선택해요.

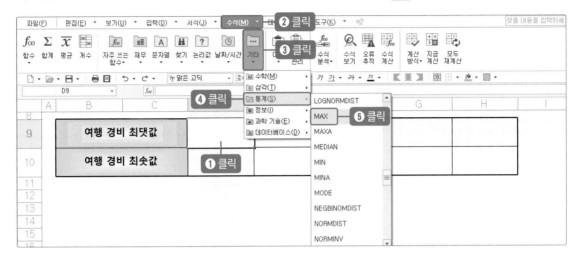

02 [함수 인수] 대화상자가 나타나면 'number1'에 셀 범위 **[D3:D7]**을 드래그하여 입력하고 <확인>을 클릭해요.

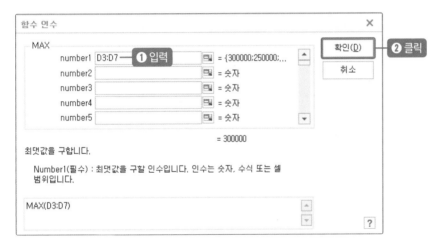

03 최댓값이 구해진 것을 확인하고 **[D9]** 셀의 채우기 핸들을 이용하여 나머지 항목의 최댓값을 구해요.

	A	B	C	D	E	F	G	H	I
4		**2박 3일**	여수	250,000	60,000	200,000	320,000	830,000	
5		**1박 2일**	설악산	80,000	100,000	100,000	200,000	480,000	
6		**2박 3일**	강릉	100,000	80,000	120,000	150,000	450,000	
7		**3박 4일**	부산	250,000	200,000	130,000	300,000	880,000	
8									
9		**여행 경비 최댓값**		300,000	300,000	200,000	320,000	950,000	
10		**여행 경비 최솟값**							
11									

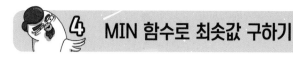
④ MIN 함수로 최솟값 구하기

01 항목별 최솟값을 구하기 위해 **[D10]** 셀을 선택하고 **[수식] 탭-[기타(···)]-[통계] -[MIN]**을 선택해요.

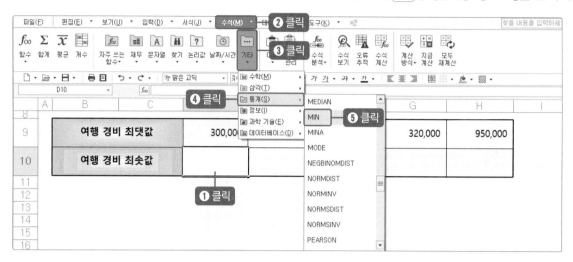

02 [함수 인수] 대화상자가 나타나면 'number1'에 셀 범위 **[D3:D7]**을 드래그하여 입력하고 <확인>을 클릭해요.

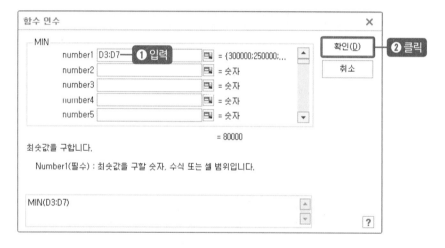

03 최솟값이 구해진 것을 확인하고 **[D10]** 셀의 채우기 핸들을 이용하여 나머지 항목의 최솟값을 구해요.

	A	B	C	D	E	F	G	H	I
4		**2박 3일**	여수	250,000	60,000	200,000	320,000	830,000	
5		**1박 2일**	설악산	80,000	100,000	100,000	200,000	480,000	
6		**2박 3일**	강릉	100,000	80,000	120,000	150,000	450,000	
7		**3박 4일**	부산	250,000	200,000	130,000	300,000	880,000	
8									
9		**여행 경비 최댓값**		300,000	300,000	200,000	320,000	950,000	
10		**여행 경비 최솟값**		80,000	60,000	100,000	150,000	450,000	
11									

혼자서 뚝딱 뚝딱

1 '온도변화(예제).cell' 파일을 실행하고 작성 조건에 따라 문서를 완성해 보세요.

• 실습파일 : 온도변화(예제).cell　　• 완성파일 : 온도변화(완성).cell

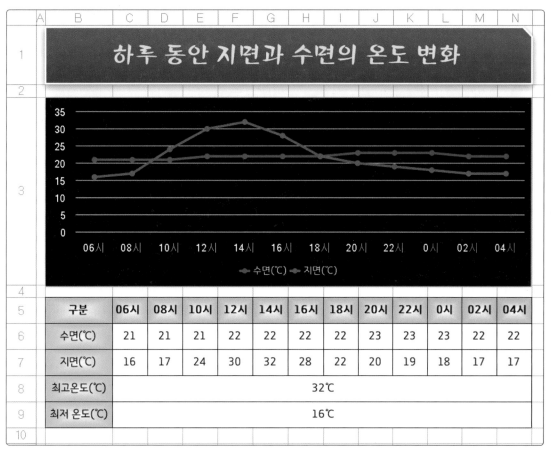

구분	06시	08시	10시	12시	14시	16시	18시	20시	22시	0시	02시	04시
수면(℃)	21	21	21	22	22	22	22	23	23	23	22	22
지면(℃)	16	17	24	30	32	28	22	20	19	18	17	17
최고온도(℃)	32℃											
최저 온도(℃)	16℃											

• [B1:N1] 셀 : 한쪽 모서리가 잘린 사각형, 도형 스타일 '보통 효과 – 강조 2'
• 도형 안쪽에 내용 입력 후 글자 서식을 자유롭게 지정
• [C6:N7] 셀 : 데이터 입력
• [C8] 셀 : MAX 함수로 '수면'과 '지면'의 최고 온도 구하기
• [C9] 셀 : MIN 함수로 '수면'과 '지면'의 최저 온도 구하기

20 RANK 함수로 줄넘기 대회 결과 만들기

학습목표

▪ RANK 함수의 기능을 이해하고 사용할 수 있습니다.
▪ 셀 서식에서 대각선 테두리를 지정할 수 있습니다.

좋아하는 꽃 1 위

좋아하는 과일 1 위

폭포 크기 1 위

자부심 1 위

☆ RANK 함수 게임을 하고 나서 순위를 정하는 것처럼 정해진 범위 안에서 기준에 따라 순위를 정할 때 사용하는 함수예요.

실습파일 : 줄넘기 대회(예제).cell   완성파일 : 줄넘기 대회(완성).cell

미리보기

줄넘기 대회 결과표

이름	2중뛰기	3중뛰기	뒤로빨리넘기	총횟수	순위	참가상품
박예린	120	20	100	240	2	선수용 줄넘기
한재원	100	15	77	192	7	노트
손슬하	150	8	81	239	3	선수용 줄넘기
유홍균	122	22	65	209	5	선수용 줄넘기
김가인	101	11	98	210	4	선수용 줄넘기
김민서	96	12	54	162	8	노트
최현욱	105	15	73	193	6	노트
한예소	141	21	107	269	1	선수용 줄넘기
평균	116.875	15.5	81.875	214.25		

1 데이터 입력하고 셀 서식 지정하기

01 '줄넘기 대회(예제).cell' 파일을 실행하고 다음과 같이 텍스트를 입력해요.

이름	2중뛰기	3중뛰기	뒤로빨리넘기	총횟수	순위	참가상품
박예린	120	20	100			
한재원	100	15	77			
손슬하	150	8	81			
유홍균	122	22	65			
김가인	101	11	98			
김민서	96	12	54			
최현욱	105	15	73			
한예소	141	21	107			
평균						

02 [G13:H13] 셀을 선택하고 서식 도구 상자에서 [병합하고 가운데 맞춤(囝)]을 클릭한 후 Ctrl+1을 눌러요. [셀 서식] 대화상자가 나타나면 [테두리] 탭에서 대각선 아이콘(▨, ▧)을 선택한 후 <설정>을 클릭해요.

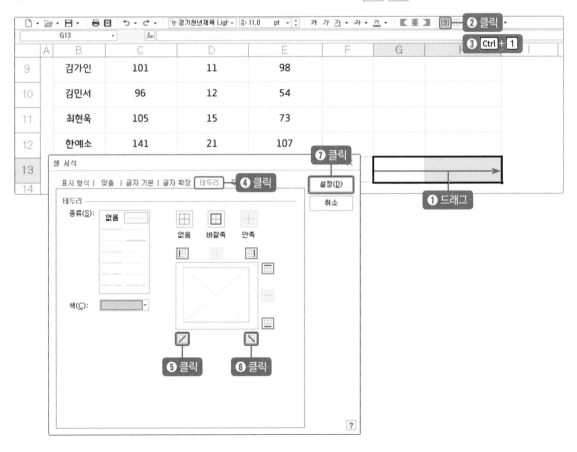

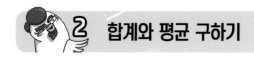

② 합계와 평균 구하기

01 학생별 총횟수를 구하기 위해 **[F5]** 셀을 선택하고 **[수식] 탭-[합계(∑)]**를 클릭한 후 범위가 표시되면 `Enter`를 눌러요. 합계가 계산되면 **[F5]** 셀의 채우기 핸들을 **[F12]** 셀까지 드래그해요.

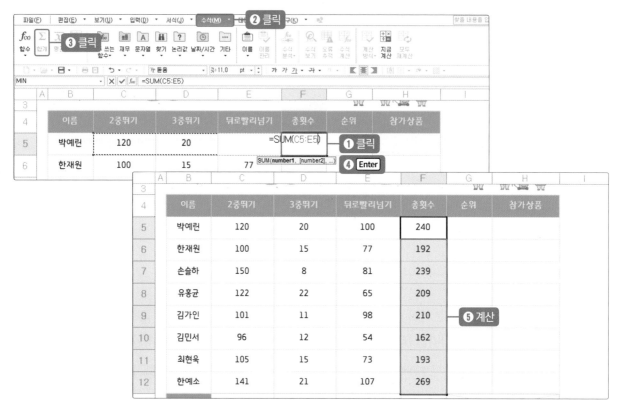

02 종목별 평균을 구하기 위해 **[C13]** 셀을 선택하고 **[수식] 탭-[평균(x̄)]**을 선택한 후 범위가 표시되면 `Enter`를 눌러요. 평균이 계산되면 **[C13]** 셀의 채우기 핸들을 **[F13]** 셀까지 드래그해요.

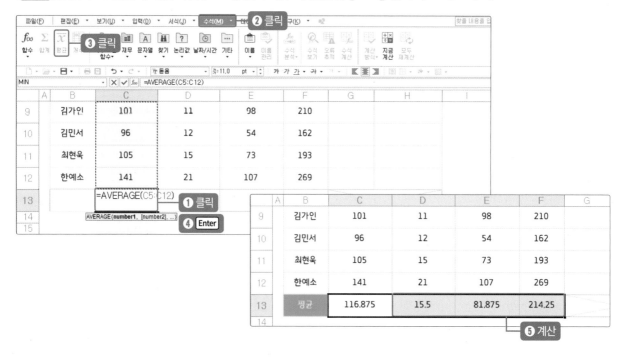

③ RANK 함수로 순위 구하기

01 순위를 구하기 위해 **[G5]** 셀을 선택하고 **[수식]** 탭-**[기타(⋯)]**-**[통계]**-**[RANK.EQ]**를 선택해요.

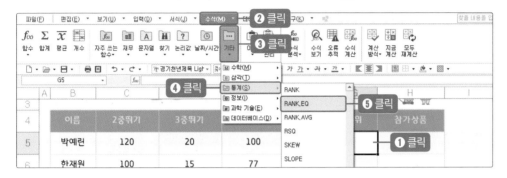

02 **[함수 인수]** 대화상자가 나타나면 'number'에 **F5**를, 'ref' 항목에 **$F$5:$F$12**를, 'order' 항목에 **0**을 입력한 후 <확인>을 클릭해요.

💡 $F$5:$F$12를 입력하기 위해서는 [F5:F12] 셀 범위를 지정한 다음 F5 를 한 번 눌러 변경할 수 있어요.

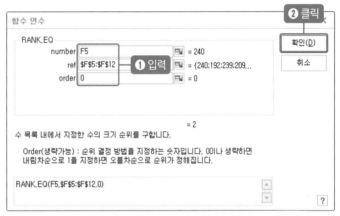

Number	순위를 구하기 위한 수	기준이 되는 셀을 선택해요.
Ref	데이터 범위 (범위는 '$' 표시가 있어야 해요)	· 기준이 되는 셀을 포함한 데이터 영역을 지정해요. · [F5:F12] 영역을 드래그하여 입력한 후 F4 를 눌러 절대값 범위 ($F$5:$F$12)로 변경해요.
Order	순위를 결정할 방법	· "0"을 입력하면 큰 숫자가 1등이 돼요.(내림차순) · "1"을 입력하면 작은 숫자가 1등이 돼요.(오름차순)

03 나머지 학생들의 순위를 구하기 위해 **[G5]** 셀의 채우기 핸들을 **[G12]** 셀까지 드래그해요.

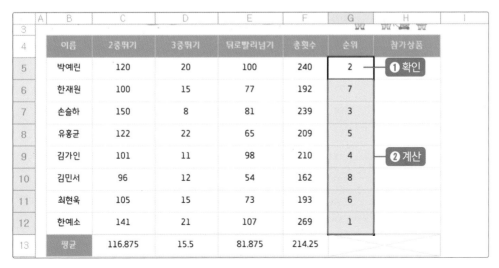

4 IF 함수로 참가상품 표시하기

01 총횟수에 따라 참가상품을 지정하기 위해 [H5] 셀을 선택하고 [수식] 탭-[논리값(?)]-[IF]를 선택해요.

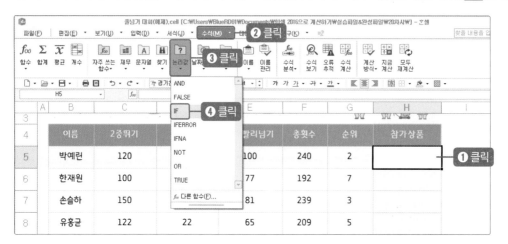

02 [함수 인수] 대화상자가 나타나면 다음과 같이 입력하고 <확인>을 클릭해요.

03 결과가 표시되면 [H5] 셀의 채우기 핸들을 [H12] 셀까지 마우스 오른쪽 버튼으로 드래그해 완성해요.

이름	2중뛰기	3중뛰기	뒤로빨리넘기	총횟수	순위	참가상품
박예린	120	20	100	240	2	선수용 줄넘기
한재원	100	15	77	192	7	노트
손슬하	150	8	81	239	3	선수용 줄넘기
유홍균	122	22	65	209	5	선수용 줄넘기
김가인	101	11	98	210	4	선수용 줄넘기
김민서	96	12	54	162	8	노트
최현옥	105	15	73	193	6	노트
한예소	141	21	107	269	1	선수용 줄넘기
평균	116.875	15.5	81.875	214.25		

혼자서 뚝딱뚝딱

1 '자격증시험(예제).cell' 파일을 실행하고 작성 조건에 따라 문서를 완성해 보세요.

· 실습파일 : 자격증시험(예제).cell　　· 완성파일 : 자격증시험(완성).cell

자격증 시험대비 평가결과

이름	성별	1과목	2과목	합계	순위
한예소	여	72.0	84.0	156.0	6
유홍균	남	78.0	83.0	161	5
박예린	여		81.5	167	4
최현옥	남	74.0	81.0	155	7
김가인	여		89.0	179.5	2
한재원	남		91.0	183	1
손슬하	여		83.0	171	3
평균		82.9	84.6		

작성조건

· [F4:F10] : SUM 함수를 이용하여 1과목과 2과목의 합계를 구하기
· [G4:G10] : 합계를 기준으로 RANK 함수를 이용하여 순위 구하기(내림차순)
· [D11:E11] : AVERAGE 함수를 이용하여 각 과목의 평균을 구하기
· [D4:D10] : '평균 초과' 조건부 서식을 '진한 녹색 텍스트가 있는 녹색 채우기'로 지정
· [E4:E10] : '평균 미만' 조건부 서식을 '진한 빨강 텍스트가 있는 연한 빨강 채우기'로 지정

💡 [조건부 서식]-[상위/하위 규칙]에서 [평균 초과], [평균 미만]을 클릭해 지정할 수 있어요.

📖 **체육 3** ▸ 빠르게 달려요

2 '달리기 순위표(예제).cell' 파일을 열고 작성 조건에 따라 문서를 완성해 보세요.

· 실습파일 : 달리기 순위표(예제).cell　　· 완성파일 : 달리기 순위표(완성).cell

빠르게 달려요(50m 달리기)

(단위:초)

이름	학년	1차	2차	합계	순위
김민서	1반	8.7	10.1	18.8	2위
천지우	1반	7.8	11	18.8	3위
이소영	2반	11.2	9.5	20.7	6위
조서영	2반	10	9.8	19.8	4위
장은수	3반	9.8	10.1	19.9	5위
윤병현	3반	8.5	7	15.5	1위
평균		9.3	9.6		

작성조건

· [F5:F10] 셀 : SUM 함수를 이용하여 1차와 2차의 합계를 구하기
· [G5:G10] : 합계를 기준으로 RANK 함수를 이용하여 순위 구하기(오름차순)
· [D11], [E11] 셀 : AVERAGE 함수를 이용하여 1차와 2차의 평균을 구하고
표시 형식 '숫자' 소수 자릿수 '1'로 지정

21

학습목표

COUNT&COUNTIF 함수로 출석부 만들기

- COUNT 함수의 기능을 이해하고 사용할 수 있습니다.
- COUNTIF 함수의 기능을 이해하고 사용할 수 있습니다.

출석부			
이름	어제	오늘	결석
매옹	O	O	-
찍찍	O	O	-
펭덕	O	O	-
삐약	O	X	1

☆ **COUNT 함수**

지정된 범위에서 숫자가 포함된 셀의 개수를 구하는 함수예요.

☆ **COUNTIF 함수**

지정한 범위 내에서 조건에 맞는 셀의 개수를 구하는 함수예요.

실습파일 : 출석부(예제).cell   완성파일 : 출석부(완성).cell

미리보기

2학년 방과후수업 출석부

이름	성별	1일	2일	3일	4일	5일	6일	7일	8일	9일	10일	출석일 수
박예린	여	O			O		O		O		O	5
김가인	여		O	O		O	O	O	O		O	7
유흥균	남	O	O		O							4
한재원	남	O	O		O	O			O		O	6
유선민	남		O	O		O	O	O	O	O	O	8
김지호	여	O	O		O		O			O		5
안지후	남		O	O	O	O	O	O			O	7
출석자 수		4	6	3	5	5	5	3	4	2	5	✕
결석자 수		3	1	4	2	2	2	4	3	5	2	✕

7일 이상 출석한 학생의 수	7일 미만으로 출석한 학생의 수
3명	4명

1 데이터 입력하기

01 '출석부(예제).cell' 파일을 선택하고 다음과 같이 데이터를 입력해요.

이름	성별	1일	2일	3일	4일	5일	6일	7일	8일	9일	10일	출석일 수
박예린	여	0			0		0		0		0	
김가인	여		0	0		0	0	0	0		0	
유홍균	남	0		0	0	0						
한재원	남	0	0		0	0			0		0	
유선민	남		0	0		0	0	0	0	0	0	
김지호	여	0	0		0		0			0		
안지후	남		0	0	0	0	0	0			0	
출석자 수												
결석자 수		3	1	4	2	2	2	4	3	5	2	

7일 이상 출석한 학생의 수   7일 미만으로 출석한 학생의 수

- [D12:M12] 셀은 데이터가 입력되면 비어 있는 셀의 개수가 자동으로 표시되도록 COUNTBLANK 함수식이 입력되어 있어요.
- [D4:M10] 셀의 데이터는 숫자 '0'으로 입력해요.

2 COUNT 함수로 출석일 수와 출석자 수 계산하기

01 출석일 수를 계산하기 위해 [N4] 셀을 선택하고 [수식] 탭-[기타(□)]-[통계]-[COUNT]를 선택해요.

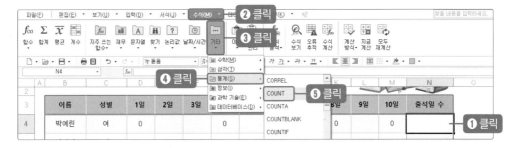

02 [함수 인수] 대화상자가 나타나면 'value1'에 **D4:M4**를 입력하고 <확인>을 클릭해요.

인수의 범위는 직접 입력을 해도 되고, 해당 셀을 드래그해도 돼요.

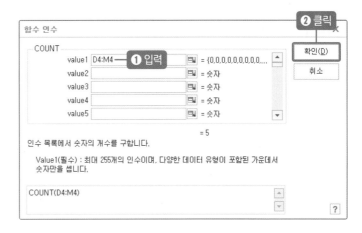

03 출석일 수가 구해지면 [N4] 셀의 채우기 핸들을 이용하여 [N10] 셀까지의 결과도 계산해 보세요.

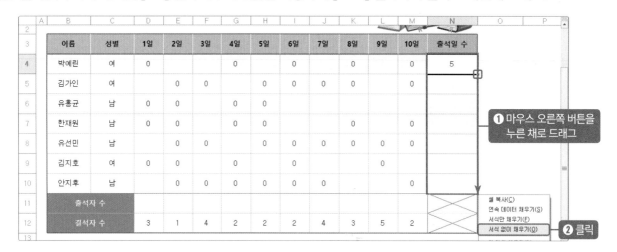

이름	성별	1일	2일	3일	4일	5일	6일	7일	8일	9일	10일	출석일 수
박예린	여	0			0		0		0		0	5
김가인	여		0	0		0	0	0	0		0	
유홍균	남	0	0		0	0						
한재원	남	0			0		0					
유선민	남			0	0		0	0	0	0	0	
김지호	여	0					0			0		
안지후	남		0	0	0	0	0	0		0		
출석자 수												
결석자 수		3	1	4	2	2	2	4	3	5	2	

❶ 마우스 오른쪽 버튼을 누른 채로 드래그

셀 복사(C)
연속 데이터 채우기(S)
서식만 채우기(F)
서식 없이 채우기(O)

❷ 클릭

04 같은 방법으로 [D11] 셀을 선택하고 [수식] 탭-[기타(⋯)]-[통계]-[COUNT]를 선택해요. [함수 인수] 대화상자가 나타나면 'value1'에 D4:D10을 입력하고 <확인>을 클릭해요.

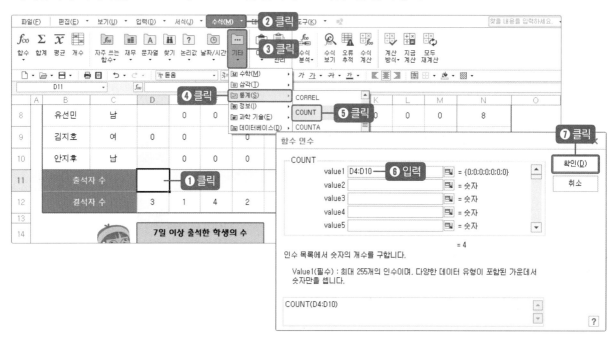

05 일별 출석자 수가 구해지면 [D11] 셀의 채우기 핸들을 이용하여 [M11] 셀까지의 결과도 계산해 보세요.

이름	성별	1일	2일	3일	4일	5일	6일	7일	8일	9일	10일	출석일 수
유선민	남	0	0		0	0	0	0	0	0		8
김지호	여	0	0		0		0			0		5
안지후	남		0	0	0	0	0	0		0		7
출석자 수		4										
결석자 수		3	1	4	2		2	2	4	3	5	2

7일 이상 출석한 학생의 수

7일 미만으로 출석한 학생의 수

❶ 마우스 오른쪽 버튼을 누른 채로 드래그

셀 복사(C)
연속 데이터 채우기(S)
서식만 채우기(F)
서식 없이 채우기(O)
일 단위 채우기(D)
평일 단위 채우기(W)
월 단위 채우기(M)
연 단위 채우기(Y)

❷ 클릭

③ COUNTIF 함수로 7일 이상 출석한 학생의 수 구하기

01 7일 이상 출석한 학생 수를 구하기 위해 **[D15]** 셀을 선택하고 **[수식]** 탭-**[기타(⋯)]**-**[통계]**-**[COUNTIF]**를 선택해요.

02 함수 인수 대화상자가 나타나면 'range'에 **N4:N10**을 입력하고, 'criteria'에 **>=7**을 입력한 후 <확인>을 클릭해요.

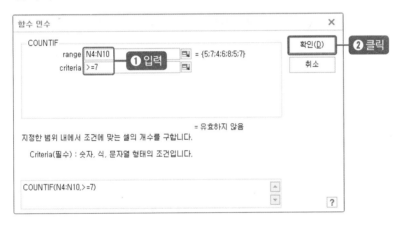

03 7일 이상 출석한 학생의 수가 입력된 것을 확인해요. 셀에 표시 형식을 미리 표시해 두어 숫자 뒤에 "명"이 추가되었어요.

④ COUNTIF 함수로 7일 미만으로 출석한 학생의 수 구하기

01 7일 미만 출석한 학생 수를 구하기 위해 **[I15]** 셀을 선택하고 **[수식]** 탭-**[기타(⋯)]**-**[통계]**-**[COUNTIF]**를 선택해요.

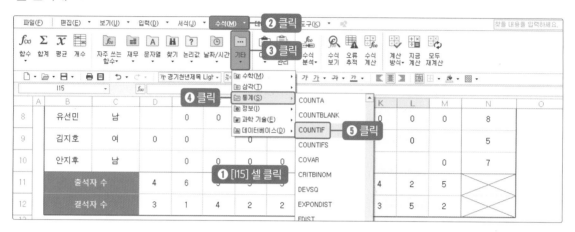

02 **[함수 인수]** 대화상자가 나타나면 'range'에 **N4:N10**을 입력하고, 'criteria'에 **<=6**을 입력한 후 <확인>을 클릭해요.

💡 'Criteria'에 '<7'을 입력해도 돼요.

03 7일 미만으로 출석한 학생의 수가 입력된 것을 확인해요.

혼자서 뚝딱뚝딱

1 '가족구성원(예제).cell' 파일을 실행하여 내용을 입력하고 작성 조건에 따라 문서를 완성해 보세요.

· 실습파일 : 가족구성원(예제).cell　　· 완성파일 : 가족구성원(완성).cell

우리반 가족 구성원

이름	할아버지	할머니	아빠	엄마	나	인원수	가족 구성
이지안	0	0	0	0	0	5명	
오하린			0	0	0	3명	핵가족
김유주		0	0	0	0	4명	
이시우			0	0	0	3명	핵가족
김수호	0	0	0	0	0	5명	
박우진			0	0	0	3명	핵가족
박소율			0	0	0	3명	핵가족
이대휘	0		0	0	0	4명	
손예준			0	0	0	3명	핵가족
최선우	0	0	0	0	0	5명	
김나윤			0	0	0	3명	핵가족
이도윤			0	0	0	3명	핵가족
김율	0	0	0	0	0	5명	
가족 구성이 확대가족인 친구의 수							6명

* 확대가족 : 부모와 결혼한 자녀가 함께 사는 가족　　* 핵가족 : 부모와 결혼하지 않은 자녀가 함께 사는 가족

작성조건

· [B5:G17] 셀 : 데이터 입력
· [H5:H17] 셀 : COUNT 함수를 이용하여 학생별 가족 인원수 구하기
· [I5:I17] 셀 : IF 함수를 이용하여 가족 인원수가 4명 미만이면 "핵가족", 아니면 빈칸을 표시하기
· [I19] 셀 : COUNTIF 함수를 이용하여 가족 인원수가 4명 이상인 학생 수 구하기

22

학습목표

정렬과 필터로 반별 독서량 현황 알아보기

- 기준에 따라 정렬을 지정할 수 있습니다.
- 자동 필터 기능을 이용하여 문서를 정리할 수 있습니다.
- 고급 필터 기능을 활용하여 원하는 데이터만 추출할 수 있습니다.

✿ **정렬**   지정한 기준에 따라 데이터를 순서대로 나열하는 기능으로 오름차순은 낮은 것부터 큰 것 순으로, 내림차순은 큰 것에서 작은 것 순으로 표시돼요.

✿ **필터**   데이터 중에서 조건을 만족하는 데이터만 보여주는 기능이에요.

실습파일 : 반별 독서량(예제).cell   완성파일 : 반별 독서량(완성).cell

미리보기

1월달 반별 독서량 현황

성별이 여자인 학생				
이름	반	성별	독서량 (월/시간)	독서시간 (하루기준/분)
김가인	1반	여	11	30
유선민	1반	여	12	30
박예린	2반	여	10	30
한예소	2반	여	12	35
손슬하	3반	여	13	40

하루 독서시간이 30분 미만인 학생				
이름	반	성별	독서량 (월/시간)	독서시간 (하루기준/분)
최현욱	1반	남	10	25
김민서	2반	남	8	20
강원	3반	남	7	25
김준서	3반	남	8	25

▲ [자동 필터] 시트

1월달 반별 독서량 현황

이름	반	성별	독서량 (월/시간)	독서시간 (하루기준/분)
김가인	1반	여	11	30
유선민	1반	여	12	30
최현욱	1반	남	10	25
김민서	2반	남	8	20
박예린	2반	여	10	30
한예소	2반	여	12	35
강원	3반	남	7	25
김준서	3반	남	8	25
손슬하	3반	여	13	40

반	독서시간 (하루기준/분)
1반	
	>=35

이름	반	성별	독서량 (월/시간)	독서시간 (하루기준/분)
김가인	1반	여	11	30
유선민	1반	여	12	30
최현욱	1반	남	10	25
한예소	2반	여	12	35
손슬하	3반	여	13	40

▲ [고급 필터] 시트

1 데이터 정렬하기

01 '반별 독서량(예제).cell' 파일을 실행하고 **[Sheet1] 시트**를 선택해요. 데이터를 반별로 정렬하기 위해 **[B3:F12]** 셀을 블록 지정하고 **[데이터] 탭-[정렬(⬇)]**을 클릭해요.

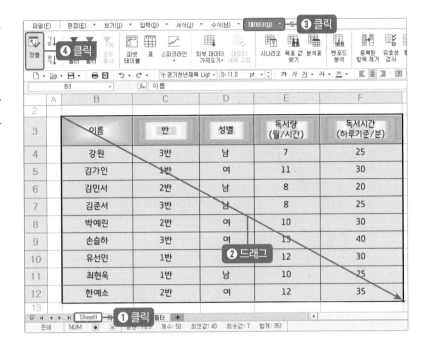

02 [정렬] 대화상자가 나타나면 '기준 1'을 '**반**', '정렬'은 '**오름차순**'으로 지정한 후 <실행>을 클릭해요.

03 반별 순서대로 데이터가 정렬된 것을 확인해요.

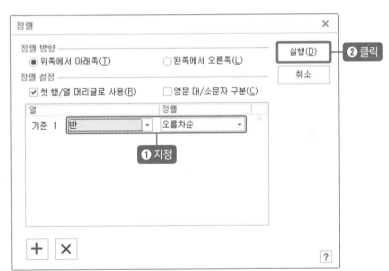

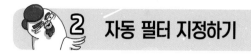

② 자동 필터 지정하기

01 [B3] 셀을 선택한 후 [데이터] 탭-[자동 필터(▼)]를 클릭해요. 필터가 만들어지면 제목 행에 **필터 버튼(▼)**
이 표시돼요.

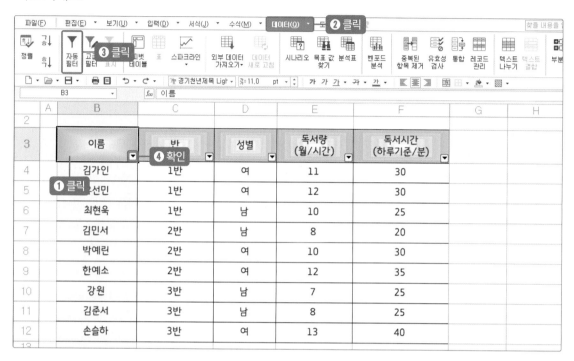

02 성별이 여자인 데이터만 추출하기 위해 [D3] 셀의 **필터 버튼(▼)**을 클릭하고 '(모두)'를 선택하여 체크 해제
한 후 **'여'를 선택**한 다음 <설정>을 클릭해요.

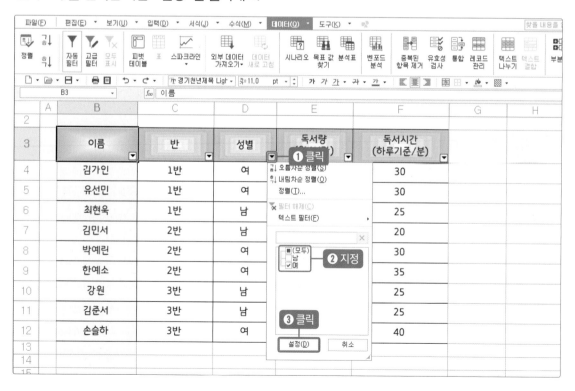

03 필터가 실행되면 빨간색 필터 버튼(▼)으로 색상이 변경되고 행 머리글의 색도 파란색으로 표시된 것을 확인할 수 있어요. 필터링된 '여' 데이터가 있는 **[B3:F12]** 셀을 블록 지정하고 Ctrl+C 를 눌러 복사해요.

	이름	반	성별	독서량 (월/시간)	독서시간 (하루기준/분)
4	김가인	1반	여	11	30
5	유선민	1반	여	12	30
8	박예린	2반	여	10	
9	한예소	2반	여	12	35
12	손슬하	3반	여	13	40

① 확인 **②** 확인 **③** 드래그 **④** Ctrl + C

04 **[자동 필터] 시트**를 선택하고 **[B5]** 셀을 클릭한 후 Ctrl+V 를 눌러 붙여 넣어요.

	이름	반	성별	독서량 (월/시간)	독서시간 (하루기준/분)
3	성별이 여자인 학생				
5	이름	반	성별	독서량 (월/시간)	독서시간 (하루기준/분)
6	김가인	1반	여	11	30
7	유선민	1반	여	12	30
8	박예린	2반	여	10	30
9	한예소	2반	여	12	35
10	손슬하	3반	여	13	40

② 클릭 **③** Ctrl + V

Sheet1 | 자동 필터 | **①** 클릭

준비 NUM

💡 입력된 데이터가 잘려서 보인다면 행 또는 열 머리글을 조절해주세요.

05 다시 **[Sheet1] 시트**로 돌아와 자동 필터를 지우기 위해 필터가 실행된 **[D3]** 셀을 선택하고 **[데이터] 탭-[모두 표시(▽×)]**를 클릭해요.

06 모든 데이터가 다시 표시된 것을 확인해요. 이번에는 '독서시간'이 '30'보다 작은 데이터만 추출하기 위해 **[F3]** 셀의 **필터 버튼(▼)**을 클릭한 후 **[숫자 필터]-[보다 작음]**을 선택해요.

07 **[사용자 정의 자동 필터]** 대화상자에서 **"30"**을 입력하고 <확인>을 클릭해요.

08 필터링된 **[B3:F11]** 셀을 블록 지정하고 Ctrl+C를 눌러 복사해요. **[자동 필터]** 시트를 선택하고 **[B14]** 셀을 클릭한 후 Ctrl+V를 눌러 붙여 넣어요.

③ 고급 필터 지정하기

01 이번에는 고급 필터 기능을 이용하여 '반이 1반'이거나 '독서시간이 35분 이상'인 데이터를 추출해 보도록 할게요.

02 **[고급 필터] 시트**를 클릭한 후 데이터를 추출할 조건을 지정하기 위해 Ctrl을 이용하여 **[C3]** 셀과 **[F3]** 셀을 선택하고 Ctrl + C 를 눌러 복사해요.

	C		D	E	F	G
2	❶ [고급 필터] 시트 클릭					
3	이름	반	성별	독서량 (월/시간)	독서시간 (하루기준/분)	
4	김가인	1반	여	11	30	
5	유선민	1반	여	12	30	
6	최현욱	1반	남	10	25	
7	김민서	2반	남	8	20	
8	박예린	2반	여	10	30	
9	한예소	2반	여	12	35	

❷ 클릭 / ❸ Ctrl + 클릭 / ❹ Ctrl + C

03 **[B14]** 셀을 선택하고 Ctrl + V 를 눌러 붙여 넣어요. 이어서 **[B15]** 셀과 **[C16]** 셀에 다음과 같이 입력해요.

	A	B	C	D	E	F	G
8		박예린	2반	여	10	30	
9		한예소	2반	여	12	35	
10		강원	3반	남	7	25	
11		김준서	3반	남	8	25	
12		손슬하	3반	여	13	40	
13							
14		반	독서시간 (하루기준/분)				
15		1반					
16			>=35				

❶ Ctrl + V / ❷ 입력

> 💡 · 고급 필터를 작업하기 전에 조건을
> 　먼저 지정해야 해요.
> · 14행의 행 높이를 조절해요.

LEVEL UP 고급 필터에서 조건 지정하기

조건을 모두 만족해야 하는 경우 같은 행에 입력하고, 조건 중 하나만 만족해도 되는 경우 다른 행에 입력해요.

AND 조건		OR 조건	
· 반이 '1반'이면서 성별이 '여'인 경우		· 반이 '1반' 또는 성별이 '여'인 경우	

반	성별
1반	여

반	성별
1반	
	여

· 독서량이 '10' 이상이면서 독서량이 '12' 이하인 경우 　　· 반이 '1반' 또는 '2반'인 경우

독서량	독서량
>=10	<=12

반
1반
2반

04 고급 필터를 실행하기 위해 [B3:F12] 셀을 블록 지정하고 [데이터] 탭-[고급 필터(▼)]를 클릭해요.

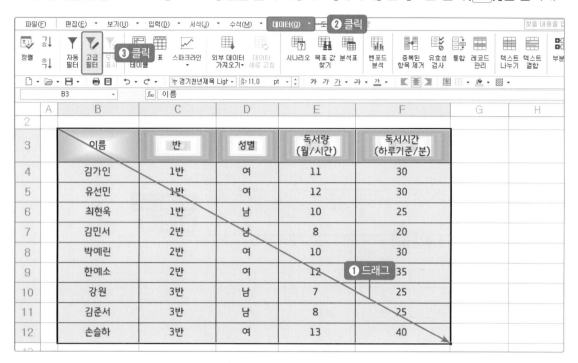

05 [고급 필터] 대화상자가 나타나면 '결과'는 **'다른 장소에 복사'**를 선택하고 '찾을 조건 범위'는 조건이 입력된 [B14:C16] 셀을 드래그하여 선택해요. 마지막으로 '복사 위치'는 결과가 표시될 [B18] 셀을 선택한 후 <설정>을 클릭해요.

💡 고급 필터를 실행하기 전에 블록 지정을 했기 때문에 '데이터 범위'는 자동으로 지정돼요.

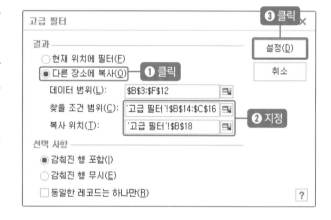

06 다음과 같이 반이 '1반'이거나 독서시간(하루기준/분)이 '35 이상'인 데이터가 모두 표시돼요.

	A	B	C	D	E	F	G	H
13								
14		반	독서시간 (하루기준/분)					
15		1반						
16			>=35					
17								
18		이름	반	성별	독서량 (월/시간)	독서시간 (하루기준/분)		
19		김가인	1반	여	11	30		
20		유선민	1반	여	12	30		
21		최현욱	1반	남	10	25		
22		한예소	2반	여	12	35		
23		손슬하	3반	여	13	40		

💡 18행의 행 높이를 조절해요.

체육 3 ▸ 운동으로 체력이 좋아져요

1 '줄넘기(예제).cell' 파일을 실행하여 [자동 필터] 시트와 [고급 필터] 시트에서 작성 조건에 따라 문서를 완성해 보세요.

• 실습파일 : 줄넘기(예제).cell   • 완성파일 : 줄넘기(완성).cell

방과후수업 줄넘기 기록

평균이 50 이상인 학생

번호	이름	종류	1차 시도	2차 시도	평균
A00001	김고운	양발 모아 뛰기	50	55	52.5
A00003	성나정	앞뒤로 흔들어 뛰기	46	55	50.5
B00004	오승환	엇걸었다 풀어 뛰기	87	33	60
C00006	김혜윤	엇걸었다 풀어 뛰기	56	58	57

종류가 '양발 모아 뛰기'인 학생

번호	이름	종류	1차 시도	2차 시도	평균
A00001	김고운	양발 모아 뛰기	50	55	52.5
A00005	박소담	양발 모아 뛰기	32	46	39
B00008	이진혁	양발 모아 뛰기	34	30	32
C00009	안성하	양발 모아 뛰기	31	29	30
B00013	이가온	양발 모아 뛰기	53	46	49.5

▲ [자동 필터] 시트

방과후수업 줄넘기 기록

번호	이름	종류	1차 시도	2차 시도	평균
		엇걸었다 풀어 뛰기	87	33	60
		엇걸었다 풀어 뛰기	56	58	57
		양발 모아 뛰기	50	55	52.5
		앞뒤로 흔들어 뛰기	46	55	50.5
		양발 모아 뛰기	53	46	49.5
		앞뒤로 흔들어 뛰기	51	48	49.5
A00007	김우석	앞뒤로 흔들어 뛰기	36	57	46.5
A00005	박소담	양발 모아 뛰기	32	46	39
C00012	김시온	엇걸었다 풀어 뛰기	42	34	38
A00011	나여경	앞뒤로 흔들어 뛰기	45	30	37.5
C00010	사혜준	앞뒤로 흔들어 뛰기	40	28	34
B00002	이재준	엇걸었다 풀어 뛰기	35	32	33.5
B00008	이진혁	양발 모아 뛰기	34	30	32
C00009	안성하	양발 모아 뛰기	31	29	30

번호	종류				
A*	앞뒤로 흔들어 뛰기				

번호	이름	종류	1차 시도	2차 시도	평균
A00003	성나정	앞뒤로 흔들어 뛰기	46	55	50.5
A00007	김우석	앞뒤로 흔들어 뛰기	36	57	46.5
A00011	나여경	앞뒤로 흔들어 뛰기	45	30	37.5

▲ [고급 필터] 시트

작성 조건

• [자동 필터] 시트
  - [Sheet1] 시트 데이터에서 필터 기능을 이용하여 조건에 맞는 데이터 추출한 후 복사하기, 붙이기로 표시 (조건 : 평균이 '50 이상'인 학생 / 종류가 '양발 모아 뛰기'인 학생)
• [고급 필터] 시트
  - 정렬 : '평균'을 기준으로 '내림차순' 정렬하기
  - 조건 : 번호가 'A'로 시작하고 종류가 '앞뒤로 흔들어 뛰기'인 데이터
  - 고급 필터 : 다른 장소에 복사, 찾을 조건 범위([B19:C20]), 복사 위치([B22])

💡 필터 조건 : A*(A로 시작하는), *A(A로 끝나는), *A*(A를 포함하는)

23

학습목표

부분합으로 학년별 기말고사 점수표 만들기

· 정렬 기준을 추가하여 지정할 수 있습니다.

· 부분합의 의미를 이해하고 지정할 수 있습니다.

· 2개 이상의 부분합을 한 문서에 표시할 수 있습니다.

닭날개	2
닭다리	2
닭똥집	1

머리카락	0
발가락	6
발톱	6

똥머리	1
콧구멍	2
안경알	2

✿ 부분합   데이터를 그룹별로 분류하고 해당 그룹별로 특정한 계산을 수행할 수 있는 기능이에요.

실습파일 : 기말고사 점수(예제).cell   완성파일 : 기말고사 점수(완성).cell

미리보기

학년별 기말고사 점수표

학년	이름	국어	영어	수학	사회	과학	총점	평균
1학년	신정현	95	80	90	95	85	445	89
1학년	이종명	85	80	75	70	80	390	78
1학년	한예소	60	65	90	100	75	390	78
1학년 평균								82
1학년 합계							1225	
2학년	김유빈	65	90	90	80	95	420	84
2학년	이다재	90	65	100	75	80	410	82
2학년	이두현	80	65	75	90	70	380	76
2학년	이슬기	85	65	60	90	95	395	79
2학년	조서영	80	65	70	80	100	395	79
2학년 평균								80
2학년 합계							2000	
3학년	유선민	65	90	95	90	75	415	83
3학년	조재민	85	100	95	90	100	470	94
3학년	홍성휘	80	80	70	75	80	385	77
3학년 평균								85
3학년 합계							1270	
총 합계							4495	
전체 평균								82

01 '기말고사 점수(예제).cell' 파일을 실행하고, 데이터를 정렬하기 위해 [B2:J13] 셀을 블록 지정한 후 [데이터] 탭-[정렬(▦)]을 클릭해요.

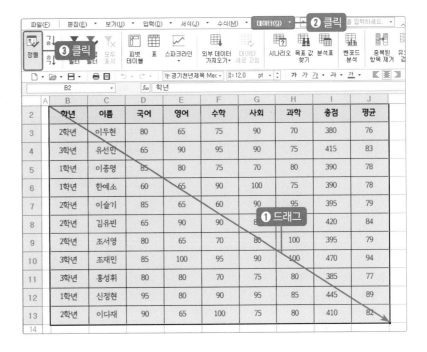

02 [정렬] 대화상자가 나타나면 '**학년**'을 '**오름차순**'으로 지정해요. ➕ (**기준 추가**)를 클릭하고 '**이름**'을 '**오름차순**'으로 지정한 후 <실행>을 클릭해요.

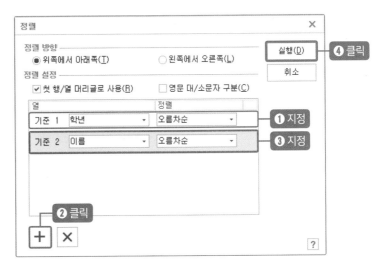

03 첫 번째 기준인 '학년'으로 오름차순 정렬되고, 같은 학년 안에서는 '이름'을 기준으로 오름차순 정렬된 것을 확인할 수 있어요.

	학년	이름	국어	영어	수학	사회	과학	총점	평균
3	1학년	신정현	95	80	90	95	85	445	89
4	1학년	이종명	85	80	75	70	80	390	78
5	1학년	한예소	60	65	90	100	75	390	78
6	2학년	김유빈	65	90	90	80	95	420	84
7	2학년	이다재	90	65	100	75	80	410	82
8	2학년	이두현	80	65	75	90	70	380	76
9	2학년	이슬기	85	65	60	90	95	395	79
10	2학년	조서영	80	65	70	80	100	395	79
11	3학년	유선민	65	90	95	90	75	415	83
12	3학년	조재민	85	100	95	90	100	470	94
13	3학년	홍성휘	80	80	70	75	80	385	77

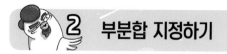

② 부분합 지정하기

01 부분합을 지정하기 위해 데이터의 시작인 [B2] 셀을 선택하고 [데이터] 탭-[부분합(▦)]을 클릭해요.

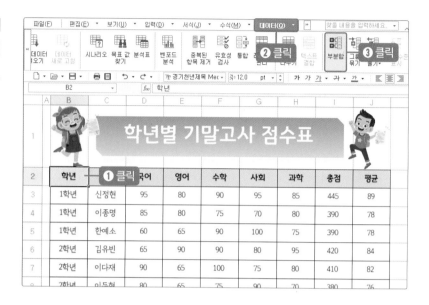

02 [부분합] 대화상자가 나타나면 '그룹화할 항목'을 **'학년'**, '사용할 함수'를 **'합계'**로 지정하고, '부분합 계산 항목'은 **'총점'**에 체크한 후 <실행>을 클릭해요.

💡 '부분합 계산 항목'의 기본 값은 '평균'이 선택되어 있으므로 클릭하여 선택을 해제한 후 '총점'을 선택해요.

03 '학년'별로 총점의 합계가 표시된 것을 확인하고 두 번째 부분합을 지정하기 위해 다시 한 번 [B2] 셀을 선택한 후 [데이터] 탭-[부분합(▦)]을 클릭해요.

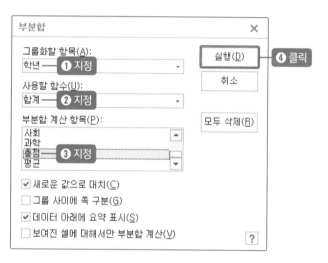

04 [부분합] 대화상자가 나타나면 '그룹화할 항목'을 **'학년'**, '사용할 함수'를 **'평균'**으로 지정하고, '부분합 계산 항목'은 **'평균'**으로 지정한 후 **'새로운 값으로 대치' 항목의 체크를 해제**한 다음 <실행>을 클릭해요.

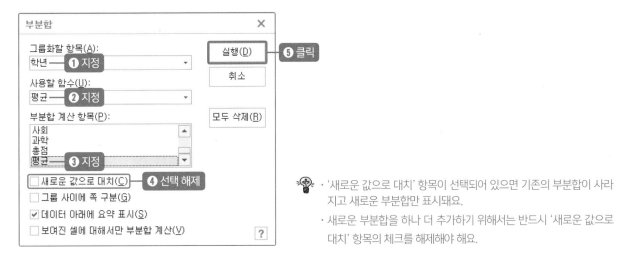

· '새로운 값으로 대치' 항목이 선택되어 있으면 기존의 부분합이 사라지고 새로운 부분합만 표시돼요.

· 새로운 부분합을 하나 더 추가하기 위해서는 반드시 '새로운 값으로 대치' 항목의 체크를 해제해야 해요.

05 '학년'별로 평균 데이터의 평균값이 표시된 것을 확인해요. 평균의 소숫점 자릿수를 조절하기 위해 **[J6], [J18], [J21]** 셀을 Ctrl을 이용하여 선택하고 **[편집] 탭-[자릿수 줄임( )]**을 여러 번 클릭해 소숫점을 없애주세요.

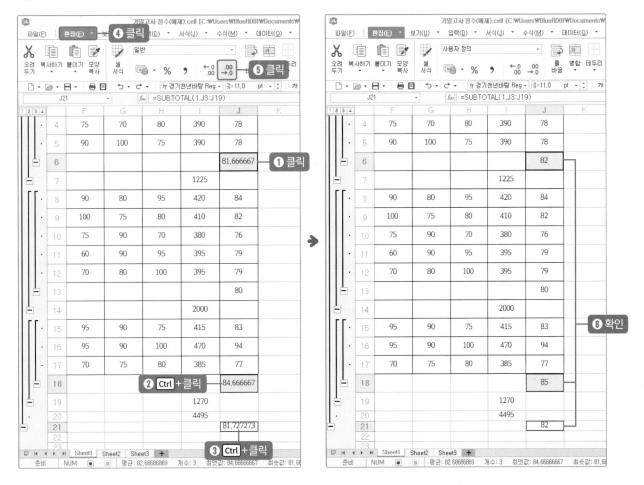

③ 윤곽 지우기

01 부분합의 윤곽 기호를 지우기 위해 **[데이터] 탭-[그룹 풀기(⊞)]-[윤곽 지우기]**를 클릭해요.

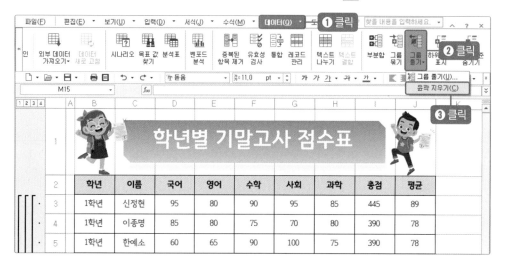

02 부분합의 윤곽 기호가 지워진 것을 확인해요.

	학년	이름	국어	영어	수학	사회	과학	총점	평균	
1				학년별 기말고사 점수표						
2	학년	이름	국어	영어	수학	사회	과학	총점	평균	
3	1학년	신정현	95	80	90	95	85	445	89	
4	1학년	이종명	85	80	75	70	80	390	78	
5	1학년	한예소	60	65	90	100	75	390	78	
6	1학년 평균								82	
7	1학년 합계							1225		
8	2학년	김유빈	65	90	90	80	95	420	84	
9	2학년	이다재	90	65	100	75	80	410	82	
10	2학년	이두현	80	65	75	90	70	380	76	
11	2학년	이슬기	85	65	60	90	95	395	79	
12	2학년	조서녕	80	65	70	80	100	395	79	
13	2학년 평균								80	
14	2학년 합계							2000		
15	3학년	유선민	65	90	95	90	75	415	83	
16	3학년	조재민	85	100	95	90	100	470	94	
17	3학년	홍성휘	80	80	70	75	80	385	77	
18	3학년 평균								85	
19	3학년 합계							1270		
20	총 합계							4495		
21	전체 평균								82	

사회 6-2 ▸ 지구, 대륙 그리고 국가들

1 '세계여러나라(예제).cell' 파일을 실행하여 작성 조건에 따라 문서를 완성해 보세요.

· 실습파일 : 세계여러나라(예제).cell   · 완성파일 : 세계여러나라(완성).cell

	B	C	D	E	F
1	우리는 어떤 대륙에 살고 있을까?				
3	**대륙**	**국가명**	**수도**	**언어**	**인구 수(명)**
4	아메리카	미국	워싱턴	영어	331,002,651
5	아메리카	브라질	브라질리아	포르투갈어	212,559,417
6	아메리카	멕시코	멕시코시티	에스파냐어	128,932,753
7	아메리카	캐나다	오타와	프랑스어, 영어	37,742,154
8	**아메리카 개수**	4			
9	**아메리카 평균**				177,559,244
10	아시아	인도네시아	자카르타	인도네이사어	273,523,615
11	아시아	일본	도쿄	일본어	126,476,461
12	아시아	베트남	하노이	베트남어	97,338,579
13	아시아	태국	방콕	타이어	69,799,978
14	아시아	우즈베키스탄	타슈켄트	우즈베크어	33,469,203
15	아시아	대한민국	서울	한국어	5,178,579
16	**아시아 개수**	6			
17	**아시아 평균**				100,964,403
18	유럽	독일	베를린	독일어	83,783,942
19	유럽	영국	런던	영어	67,886,011
20	유럽	스웨덴	스톡홀름	스웨덴어	10,099,265
21	유럽	스위스	베른	독일어, 프랑스어	8,654,622
22	유럽	핀란드	헬싱키	핀란드어	554,720
23	유럽	아이슬란드	레이캬비크	아이슬란드어	341,243
24	**유럽 개수**	6			
25	**유럽 평균**				28,553,301
26	**전체 평균**				92,958,950
27	**전체 개수**	16			

작성 조건

· 정렬 : '대륙'의 '오름차순', '인구 수(명)'의 '내림차순'
· 부분합 1 : 그룹화할 항목 '대륙', 사용할 함수 '평균', 부분합 계산 항목 '인구 수(명)'
· 부분합 2 : 그룹화할 항목 '대륙', 사용할 함수 '개수', 부분합 계산 항목 '국가명',
　　　　　　 [새로운 값으로 대치] 항목의 체크 해제
· 윤곽 지우기 설정

24

재미있는 넌센스 퀴즈

드디어 마지막 시간이에요. 그동안 열심히 공부했으니, 오늘은 내가 얼마나 센스를 가지고 있는지 확인해 보는 시간을 가져볼까요? 똑똑하지 않아도, 특별한 지식이 없어도 누구나 풀 수 있는 문제들이에요. 문제를 보고 정답을 생각해 보세요. 다 풀고 난 후에 정답을 확인하면 깔깔거리며 웃을 수 있을 거예요. 지금부터 그럼 시작해 볼까요? Let's go!

실습파일 : 넌센스 퀴즈(예제).cell, 퀴즈 제목.png　　**완성파일** : 넌센스 퀴즈(완성).cell

 미리보기

재미있는 넌센스 퀴즈!!

번호	문제	정답	점수
1번	세상에서 가장 빠른 닭은?		0
2번	눈이 녹으면 뭐가 될까?		0
3번	말은 말인데 타지 못하는 말은?		0
4번	걱정이 많은 사람이 오르는 산은?		0
5번	개 중에서 가장 아름다운 개는?		0
6번	사과를 한 입 베어 물면?		0
7번	진짜 문제 투성이인 것은?		0
8번	반성문을 영어로 하면?		0
9번	모든 사람을 일어나게 하는 숫자는?		0
10번	동생이 형을 많이 좋아하면?		0
		총점	0점
		판단	좀 더 노력해

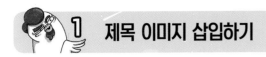

1 제목 이미지 삽입하기

01 '넌센스 퀴즈(예제).cell' 파일을 실행하고 제목 이미지를 삽입하기 위해 [입력] 탭-[그림(🖼)]을 클릭해요. [그림 넣기] 대화상자가 나타나면 [24차시] 폴더에서 '퀴즈 제목.png'을 선택하고 <넣기>를 클릭해요.

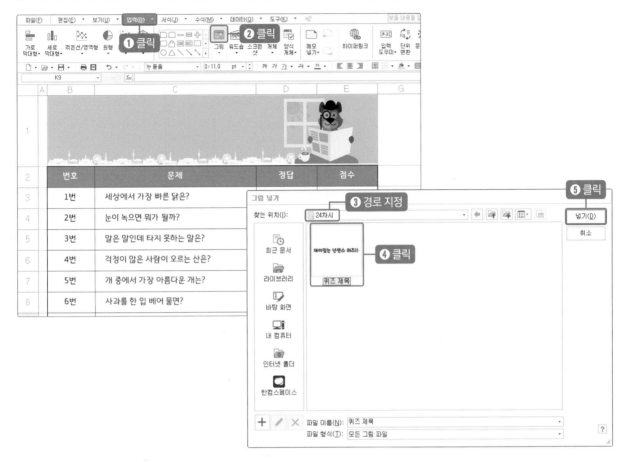

02 그림이 삽입되면 [B1] 셀 위로 드래그하여 다음과 같이 배치해요.

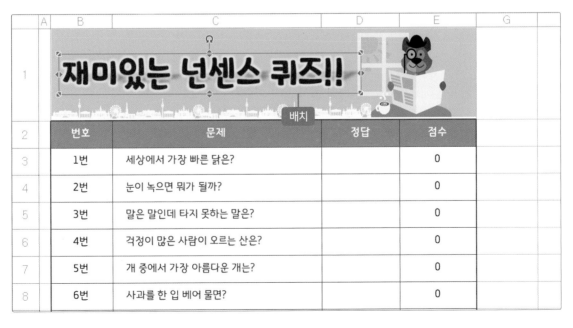

번호	문제	정답	점수
1번	세상에서 가장 빠른 닭은?		0
2번	눈이 녹으면 뭐가 될까?		0
3번	말은 말인데 타지 못하는 말은?		0
4번	걱정이 많은 사람이 오르는 산은?		0
5번	개 중에서 가장 아름다운 개는?		0
6번	사과를 한 입 베어 물면?		0

② SUM 함수로 총점 계산하기

01 정답을 맞히면 10점씩 더해지는데, 10문제를 모두 풀었을 때의 합계를 계산하기 위해 **[E14]** 셀을 선택하고 **[수식] 탭–[기타(⋯)]–[수학]–[SUM]**을 클릭해요.

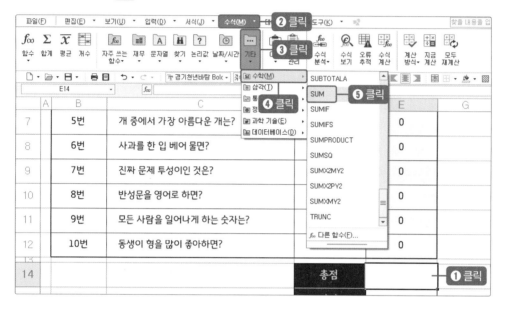

02 [함수 인수] 대화상자가 나타나면 'number1'에 **E3:E12**를 드래그하여 입력하고 <확인>을 클릭해요.

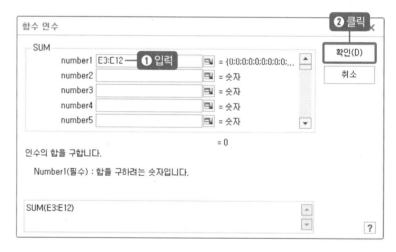

03 힙계 값이 계산된 것을 확인해요. 현재는 문제를 풀지 않아 점수가 없으므로 총점도 '0점'으로 표시돼요.

	A	B	C	D	E	G
7		5번	개 중에서 가장 아름다운 개는?		0	
8		6번	사과를 한 입 베어 물면?		0	
9		7번	진짜 문제 투성이인 것은?		0	
10		8번	반성문을 영어로 하면?		0	
11		9번	모든 사람을 일어나게 하는 숫자는?		0	
12		10번	동생이 형을 많이 좋아하면?		0	
14				총점	0점	
15				판단		

③ IF 함수로 판단 항목 지정하기

01 총점이 70점 이상이면 "센스 만점", 70점 미만이면 "좀 더 노력해" 라는 문구를 표시하도록 지정하기 위해 **[E15]** 셀을 선택하고 **[수식] 탭-[논리값(☑)]-[IF]**를 클릭해요.

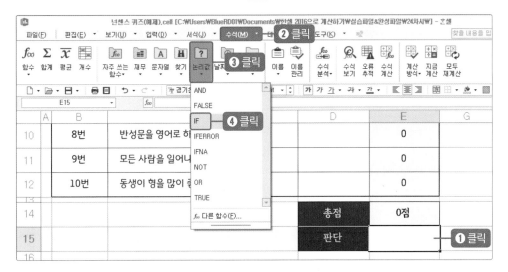

02 [함수 인수] 대화상자가 나타나면 'logical_test'에 조건인 **E14>=70**을, 'value_if_true'에 조건이 참일 때의 결과 값 **"센스 만점"**을, 'value_if_false'에 조건이 거짓일 때의 결과 값 **"좀 더 노력해"**를 입력하고 <확인>을 클릭해요.

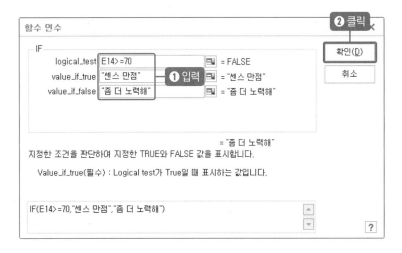

03 IF 함수가 계산된 것을 확인해요. 현재는 문제를 풀지 않아 점수가 0점이므로 '좀 더 노력해'가 표시돼요.

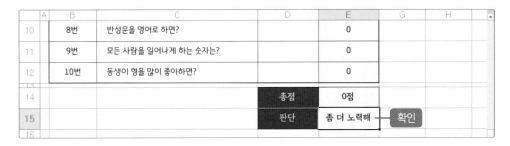

04 이제 10개의 문제를 풀어보고, 친구와 결과를 비교해 보세요.

> 💡 문제의 정답은 [E] 열과 [G] 열의 머리글을 블록 지정한 후 마우스 오른쪽 버튼을 눌러 바로 가기 메뉴에서 [열 숨기기 취소]를 클릭하면 확인할 수 있어요.

MEMO

우당탕탕 시리즈는?

신나고 재미있게 컴퓨터를 배우면서
사고력과 창의력을 키울 수 있습니다.

우당탕탕 series

한셀 2016으로 계산하기 NEO

쉽게 따라할 수 있고 재미있게 학습할 수 있는 예제로 구성하였습니다.

각 차시별로 혼자서 직접 만들 수 있는 예제를 통해 실력을 키울 수 있습니다.

초등학교 교과과정과 연계된 예제를 통해 학습 효과를 높일 수 있습니다.

액티비티를 제공하여 학교생활이나 실생활에 활용할 수 있습니다.

초등학교

학년   반

이름 :
요일 :
시간 :

정가 **12,000원**

초판 2쇄 발행 | 2023년 11월 15일
지은이 | 교재개발팀 **펴낸이** | 홍성근 **펴낸곳** | 마린북스
출판등록 | 제2021-000058호 **전화** | 031)994-3434
주소 | 경기도 고양시 일산동구 무궁화로 43-33, 405호

9 791192 119120
ISBN 979-11-92119-12-0